Edit. originale, Imprimée à Caen aux frais de Melle de Montpensier et sous la direction de Huet. — Tirée à 60 exempl. — Voy. Brunet.

1782.

DIVERS
PORTRAITS.

IMPRIME'S EN L'ANNEE
M. DC. LIX.

Ne extra hanc Bibliothecam efferatur. Ex obedientiâ.

A
MADEMOISELLE.

ADEMOISELLE,

Ayant connu que Voſtre Alteſſe Royale s'eſtoit divertie à la lecture des Portraits qui ſont à la mode; meſme qu'elle s'eſtoit donné le plaiſir d'en faire les plus agreables, & que nous luy devions ceux qui eſtoient d'vn meilleur tour; j'ay

crû que je renouvellerois ce divertissement en luy pre-
sentant ce recueil, qui est composé de ceux que j'ay pû
choisir entre les meilleurs, & qui luy doit ce qu'il a de
plus parfait. Si elle trouve mauvais que j'aye fait im-
primer les siens, sans luy en demander permission ; je
luy en demande pardon à cette heure, & je la suplie
tres humblement de considerer que ce sont de ces crimes
qui deviennent services dans l'execution ; & que ce que
j'ay commis contre ses ordres ne luy peut déplaire
maintenant, puisque par la suitte ma desobeyssance
peut devenir capable de contribuer à son plaisir. J'ay
connu ma faute quand je l'ay commise, mais j'ay crû
que le succez la diminuëroit avec le temps ; que V.
A. R. trouveroit une si grande approbation de ce
qu'elle a écrit en se joüant, que l'encens ne luy plairoit
pas moins, pour luy couter si peu ; mesmes qu'elle verroit un jour avec ioye, qu'elle devoit la meilleure partie de la gloire qui luy en reviendroit à la temerité
d'un serviteur que presentement elle accusera peut-
estre d'un zele inconsideré. La pluspart de ces choses
estant tombées entre mes mains, ie songeay, MA-
DEMOISELLE, qu'elles se dissiperoient comme la
pluspart des papiers volans, ou qu'enfin elles tombe-

roient entre les mains des Libraires ignorans, (malheureux & dernier destin des plus jolies choses:) mais en mesme temps j'ay preueu qu'ils n'en prendroient pas le soin que merite un ouurage, qui outre la grande part que V. A. R. y a elle seule, deuoit sa naissance à tant de personnes considerables : & j'aimay mieux pour cet effet en prendre le soin contre vos ordres, que de l'abandonner impitoyablement, par une obeyssance un peu trop aueugle, à un commandement trop cruel. Ie songeay que c'estoient d'assez illustres orphelins, qui meritoient d'estre accueillis ; que j'obligerois le public de luy aprendre leur fortune ; & que dans un siecle peu favorable aux amateurs des belles lettres, ie ne me rendrois point méprisable au peu de partisans qui en restent, de faire voir par ce noble exemple l'estat qu'à fait d'un si loüable amusement une personne celebre tout à la fois par une condition & par une beauté aussi illustres que la vostre, & par tous les autres avantages qui peuvent distinguer une grande PRINCESSE des personnes ordinaires, & luy assurer les plus certaines marques de l'immortalité. Car enfin, MADEMOISELLE, qui est celuy qui peut craindre quelque reproche d'une occupation qui a l'honneur de devenir la vostre ? Qui peut-estre touché des charmes des beaux arts, & s'en retirer par le mépris qu'on en fait, apres que V. A. R. les a comme illustrez par son exemple ? Et qui peut par galanterie prendre le party de l'ignorance, apres la grande victoire que vous avez remportée contre elle en tant de rencontres ? Ceux qui sçauront le peu de peine que ces productions vous coustent, les admireront encore bien davantage, & ce n'est pas vne chose que l'on puisse oublier en cette occasion, sans se rendre reprehensible. Il seroit criminel, MADEMOISELLE, de celer en ce lieu, que le plus long de ces ouvrages n'a jamais cousté à V. A. R. plus d'vn quart d'heure, & que l'activité & la fecondité de vostre esprit n'en trouve point qui la puissent suivre. Ne valoit il pas mieux, MADEMOISELLE, se priver d'vne approbation que vous ne m'auriez pas accordée, que d'oster au public tant d'illustres marques de ce que je dis ? & ne vaut-il pas mieux que criminel par le zele que j'ay de faire vn present si considerable à toute la France, je l'interesse à vous demander pour moy le pardon d'vn crime que je n'ay commis que pour vostre gloire, & pour sa satisfaction ? Sans doute, si la renommée des Autheurs peut donner quelque merite à leurs ouvrages; que ne doit attendre celuy cy, quand on jettera les yeux sur les excellentes qualitez, & sur les grandes loüanges qui sont deuës aux Belles qui ont voulu s'interesser dans ce travail ? Madame la Princesse de Tarente, & Mademoiselle de la Trimoüille s'en peuvent attribuer l'invention ; & elles ont V. A. R. pour témoin qu'avant qu'on parlast encore de ces sortes de productions en France, elles avoient desja faits leurs Portraits d'vne maniere qui l'avoit excitée à s'appliquer aux autres, où elle à si bien reüssi depuis: & je crois que ie ne puis passer cela sous silence, sans me rendre coupable envers l'affection que V. A. R. à toûiours témoignée à ces Princesses, & à toute leur Illustre Maison, qui a l'honneur de luy estre jointe par vne alliance si proche, & dans laquelle le merite des personnes soustient si dignement la grande noblesse du sang. Madame la Duchesse de la Trimoüille fist son Portrait peu de temps apres ; & ce bel ouvrage qui a couru toute la France, & en a esté l'admiration, a esté avec celuy de V. A. R. qui fut fait en mesme temps, le modelle le plus parfait que se soient proposez ceux qui en ont voulu faire depuis. Mais bien que par

ẽ

conſequent, & comme il paroiſt par ce livre meſme, on leur doive beaucoup de Portraits rares, & conſiderables, par ceux qu'ils repreſentent, ou par leurs Auteurs: je puis dire, & le ſuccez l'a bien fait voir par la grande quantité de mauvais ouvrages qui ſe ſont expoſez effrontément au jour ſous de ſi celebres guides, qu'il n'appartenoit pas à tout le monde de vouloir ſuivre V. A. R. & encore moins de l'imiter. Ie puis dire auſſi qu'il falloit avoir avec les grandes & excellentes qualitez de Madame la Ducheſſe de la Trimoüille, un eſprit, & un ſens de la Maiſon de Boüillon, pour faire un ouvrage qui ſans flaterie puſt reſſembler au ſien. Ce n'eſt pas dans ſon Portrait qu'il faut admirer ce qu'elle écrit; c'eſt dans ſa Perſonne, où les grandes qualitez jointes aux plus agreables font voir l'adorable union d'une vertu toute heroïque avec toutes les graces de l'eſprit, & avec toute la capacité qu'on peut acquerir. L'eſtime que V. A. R. fait d'un auſſi grand merite que le ſien, en eſt une preuve bien plus forte, que tout ce que j'en puis dire. Ie n'entreprendray pas non plus d'élever toutes les perſonnes qui ont voulu ſe donner part dans ce livre : leur Panegyrique excederoit facilement la grandeur de ce livre meſme. V. A R. la premiere n'en eſt pas encore *aux bornes qui doivent servir de limites à ses grandes actions; & il faudroit se sentir plus de force que ie n'en trouve en moy, pour oser entreprendre d'en parler. Ie ne pretens que de faire connoistre la perpetuelle admiration où m'engagent tant de merveilles, & de prendre cette occasion de vous protester que je suis avec tout le respect, & toute la veneration possible,*

MADEMOISELLE,

DE VOSTRE ALTESSE ROYALE

Le tres humble, tres obeïssant
& tres fidelle serviteur.

L'IMPRIMEVR
AV LECTEVR.

IL paroiſt aſſez par l'Epitre precedente que ce livre n'eſt autre choſe que le Recueil que MADEMOISELLE avoit fait faire, tant des Portraits qu'elle a faits elle meſme, que de beaucoup d'autres qui ont eſté compoſez par des plus conſiderables perſonnes de la Cour. C̗ a eſté pour ton contentemẽt, LECTEVR, qu'ayant trouvé moyen d'avoir ce Recueil, on la copié, ſans qu'elle le ſçeuſt, & qu'enfin on s'eſt reſolu de le mettre au jour. On n'y a ofé rien changer pour le refte: les Portraits apparemment y ont efté mis dans l'ordre qu'ils ont efté faits, & quoy que les rangs y foient mal obfervez, on a mieux aimé les laiffer dans cet ordre, que de porter vne main prophane à vne chofe qui doit eftre confacrée par l'elevation, & par le merite de fon Autheur. C'eft pour cela mefme qu'on laiffe encore la Preface qui fuit, & qui parle du deffein qu'on a eu en faifant ce livre. Reçoy le comme vne chofe qui n'a efté entreprife que pour ton divertiffement, & pour fatisfaire à la curiofité de ceux qui oyant parler quelque jour de la fantaifie qu'on a euë de faire ces Portraits, en voudront fçavoir l'origine. Adieu.

PREFACE.

*ADEMOISELLE estāt à Champigny, Madame la Princesse de Tarente, & Mademoiselle de la Trimouïlle la vinrent visiter : Elles luy parlerent de certains Portraits qu'elles avoient veus en Hollande, & sur lesquels elles avoient fait les leurs. MADEMOISELLE eut curiosité de les voir, à quoy elles satisfirent ; ce qui luy donna aussi envie de faire le sien. Il fut pensé & écrit en un quart-d'heure, comme il est aisé de le voir, & plus aisé encore de le croire à ceux qui la connoîtront : car les personnes dont l'esprit va aussi vite que le sien, font rarement les*

choses à deux fois : & bien qu'elles soient mal dés la premiere, il vaut mieux les laisser de la sorte que d'y rien changer ; les graces naturelles se découvrant d'autant mieux, qu'elles sont dégagées de tout artifice. MADEMOISELLE ayant donc fait son Portrait, & plusieurs ayant suiuy son exemple, elle eut en fantaisie de faire faire un Recueïl de ceux qu'elle avoit veus. Et par ce que quelques uns, dont on voit icy les Portraits, n'en sont pas les auteurs ; l'on a jugé à propos de mettre les noms de ceux qui les ont écrits, & les lieux mesmes où ils furent faits, pour satisfaire mieux à la curiosité de MADEMOISELLE, & pour instruire ceux qui trouveront dans cent ans ce Livre dans les Armoires de Saint Fargeau, pour lesquelles il est fait.

PORTRAIT
DE MADAME
LA PRINCESSE
DE
TARENTE
FAIT PAR ELLE MESME

A LA HAYE, M. DC. LVI.

OMME il n'y a personne qui ne soit accusé de l'amour de soy mesme, quoy que les vns plus, & les autres moins, & qu'elle nous porte d'ordinaire à nous considerer auec des yeux preoccupez, qui se trouuent toûiours plus disposez à nous faire grace, qu'à nous rendre iu-

A.

ſtice; ie veux eſperer au iugement fauorable de mes amis (car celuy de ceux qui ne le ſont pas m'eſt indifferent) ſi ie tombe en la meſme faute en oubliant quelques vnes des miennes, ou ſi ie m'attribuë quelque bien que ie n'ay pas, dans le Portrait que ie va faire, beaucoup plutoſt pour ne pas paroiſtre bizarre, que pour eſperer aucun auantage de la connoiſsance que ie leur donneray de moy meſme : & quand ils m'auront promis qu'ils ne m'en aimeront pas moins, ie leur diray que ie ſuis grande, la taille ny des mieux ny des plus mal faites, ny fort libre, ny extrêmement contrainte. Ie parois plus deliée que ie ne la ſuis en effet, parce que i'ay le corps rond, le dos fort droit, les eſpaules plates, quoy qu'vn peu hautes; le port d'vne perſonne de condition, la demar-che aſsez raiſonnable; la teſte groſse, le viſage trop long, & d'vn deſagreable ouale; le teint gros & fort brun; le front beaucoup trop haut & trop auancé; les yeux noirs, peu ouuerts, ny grands ny petits, ny beaux ny laids, mais aſsez doux; le nez grand & aquilin; la bouche, quoy que pas des plus grandes, neantmoins laide & trop platte; les lévres rouges, les dents pas des mieux arran-gées, & point aſsez blanches, mais ſaines & nettes; le viſage preſque point couppé; les che-ueux extremement fins & d'vn fort beau cendré; la gorge pleine aſsez bien formée ſans ply, peu de ſein; le bras & la main qui n'ont que les doigts de bien faits, trop maigres, encores que i'aye beaucoup d'enbonpoint; la iambe & le pied bien faits, sur tout quand ie prens soin de me bien chaufser. Ie croy n'auoir ny bonne mine, ny mauuaise grace, & l'vn & l'autre se peuuent souffrir. I'ay trop peu de deuotion, dont ie demande souuent pardon à Dieu, & qu'il me fasse la grace de mieux viure, afin de bien mourir. Ie ne manque pas tout à fait de connoissance, mais ie suis si peu satisfaite de mon peu d'esprit, que ie trouue que celuy que i'ay n'en merite pas le nom; nulle solidité, & encore moins de viuacité; plus de iugement que de prudence. I'ay beaucoup de tendresse pour mes veritables amis, mais cette qualité leur sera toûiours plus facile à perdre, qu'à gagner auprès de moy, estant extrêmement delicate en gens, & plus qu'il ne paroist, parce que i'ay affecté toute ma vie vne ciuilité si generale, & elle m'est si ordinaire, que ceux qui ne me connoissent pas, la prendroient bien souuent pour vne bien-veillance particuliere. L'amitié que i'ay pour mes Parens en general est moins forte, que celle que i'ay pour mes amis, & leurs interests me sont si chers, que ie les prefere aux miens propres; ie les sers auec plaisir, & leur perte me touche sensiblement: mais comme ie suis naturellement beaucoup méfiante de moy-mesme, aussi bien que d'autruy, me connoissant comme ie fais, il ne leur faut pas moins de temps, que d'adresse pour me bien persuader qu'ils en sont, car ie ne le crois pas legerement, quelque mine que i'en fasse. Ie sçais aussi bien haïr, qu'aymer; & suis plus curieuse que patiente, quoy que ie cache asez bien tous les deux. Ie suis trop bonne, & pardonne quelque fois auec trop de facilité. I'ay beaucoup de memoire, & par consequent ie n'oublie point : mais elle ne me sert qu'à me rendre malheureuse, puis qu'elle me represente continuellement tous les fascheux accidens de ma vie, qui se trouuent en beaucoup plus grand nombre, que les bons. Ie me resous fort difficilement, mais i'execute fort promptement. I'ay vne timidité si importune, qu'elle ne se contente pas de me faire rougir à tous moment, mais elle me rend si interdite par fois, que i'en parois stupide, la grauité & le serieux me sient incomparablement moins mal que l'enjouëment, qui n'est nullement mon personnage. Mon premier abord est asez engageant, & promet plus que ie ne sçaurois effectuer. Ie me pique tout à fait d'estre complaisante, mais non pas iusques à la flaterie. Ie ne suis pas ingrate, & la reconnoissance trouue toûiours lieu chez moy; & i'aime sans contredit mieux que l'on m'aye de l'obligation, que d'en auoir aux autres; ce n'est pourtant pas par gloire, n'en estant point du tout capable. Ie hais si mortellement la mocquerie, & ses autheurs, que ie n'aprehende point de tomber en ce vice. Ie deteste la menterie, & maudis la medisance, quelque spirituelle qu'elle puisse estre; ie n'y prens point de plaisir, fust elle de mes plus mortels ennemis, ausquels ie rens toûiours le plus de iustice qu'il m'est possible, en ne celant point les bonnes qualitez, dont ie les crois en possession; & cela pour l'amour de moy-mesme seulement. Ie me sçais contraindre sans estre politique, encore n'est-ce point en toutes sortes de rencontres. L'interest n'a nul pouuoir sur moy. Ie suis extraordinairement sensible, mais sans comparaison, plus à la douleur, qu'à la ioye. Ie crains plus le mépris, que la mort; & ie pardonneray sans contredit le dernier, plutost que le premier; dont i'aurois peine à reuenir iamais, si i'en estois bien persuadée. I'ay pasé toute ma vie pour intrepide, mais à present ie connois mieux le peril, quoy que ie ne manque point de courage, & ie m'en trouue suffisamment, pour entreprendre des choses, non seulement difficiles, mais qui rebuteroient vne infinité d'autres. I'ay vne auersion horrible pour tout ce qui est poltron, ayant le cœur si bien placé, qu'il ne dementira iamais ma naissance. Ie suis incapable de toutes sortes de laschetez & de bassesses, principalement de celles qui sont suiuies de quelque trahison; & en ce rencontre, comme en plusieurs autres, ie ne ferois à autruy, que ce que ie voudrois m'estre fait à moymesme. L'inclination à beaucoup de pouuoir sur moy, & l'emporte bien fouuent par defsus la raifon, qui ne laifse pourtant pas de reprendre fa place à fon tour. Ie fuis ferme en mes refolutions, iufques à l'opiniatreté. Ie n'aime point à eftre contredite des perfonnes qui me font fufpectes; encore moins corrigée de ceux qui ne font pas de mes amis ; car comme ie trouue tout bon de ceux qui le font, je prens les corrections & les auis des autres pour autant d'infultes & de reproches, & ie ne le leur puis diffimuler, ayant trop de fincerité. I'aime les genereux, & tâcheray toûiours de les imiter. Ie ne m'attache pas trop à mon opinion, & ie m'en rapporte volontiers à ceux dont ie l'ay fort bonne. On m'accufe d'eftre vn peu prompte, mais comme i'ay déja auoüé que ie fuis fenfible au dernier point, ce nom icy m'appartiendroit auec plus de iuftice, que le premier. Ie ne fuis point ambitieufe, & craindrois fort de la deuenir, puifque l'ambition n'eft point fans inquietude, & que i'ayme le repos fans eftre parefseufe. I'enrage d'eftre ignorante, & n'ay que cette confolation, qu'il n'a pas tenu à moy, que ie ne fufse plus habile. Mon humeur eft inegale, & i'en accufe mon temperament, lequel, quoy que naturellement gay, s'eft neantmoins fi fort laifsé corrompre par diuers facheux accidens, que ie puis pafser prefentement auec verité pour vne des plus mélancoliques perfonnes du monde. Ie fuis trifte, beaucoup plus réueufe, & la plufpart du temps diftraite à ne fçauoir que dire. Ie n'aime pas tant la parure que i'ay fait, quoy que ie ne la haïfse pas encore. Ie prefere la propreté en habits à la fomptuofité, & ie me plais afsez à me mettre fort proprement, enquoy ie reüffis moins mal, qu'au defsein de reparer par l'art & l'adrefse, ce que la nature m'a refufé. Les grandes feftes ne m'embarrafsent point, & fi ie ne fuis pas faite pour elles, elles le font pour moy, puis qu'elles me diuertifsent. La Cour, le grand monde, & fur tout la Comedie me plaifent fort; mais ie n'y voudrois pas paroiftre pour augmenter fimplement le nombre. I'écris mieux que ie ne parle, & on ne peut pas s'acquitter plus mediocrement du dernier, que ie fais : cela n'empefche pas pourtant qu'vne conuerfation iolie & fpirituelle ne me touche extrêmement, pourueu que toute raillerie picquante en foit banie, & qu'elle n'interefse point ma reputation, de laquelle ie feray toûjours fi foigneufe, que ie me priueray de toutes chofes pour la conferuer. On ne m'accufe pas d'eftre trop mal-adroitte. Ie n'ay iamais fouhaité du bien & des richefses, que pour fatisfaire mon humeur liberale, ne prenant en rien tant de plaifir, qu'à en faire, & à donner. Ie ne puis iamais me fier en ceux qui m'ont trompée vne fois en ma vie, & ie ne me defens pas abfolument d'eftre vn peu vindicatiue en certaines rencontres. Ie trouuerois mefme la vengeance fort douce, mais ie n'y voudrois pas contribuer moy-mesme. Tous les changemens du monde m'inquietent, & vne vie solitaire a autant de charmes pour moy, pour peu que i'y sois accoustumée, que le grand monde. Ie m'occupe auec plaisir aux ouurages de celles de mon sexe, & ne hais nullement la Chasse. Enfin ie trouue que peu de choses me sont veritablement indifferentes, au moins en certains temps, & ie suis si peu hypocrite, que mon visage découure presque toûjours les sentimens de mon cœur, sans que ma bouche s'en mesle : ie ne dis point ce dernier, croyant me loüer par là, mais ie ferois conscience de celer, quoy que ce soit, de tout ce dont ie me sens coupable, & me soumets en suite à vostre censure.

PORTRAIT DE MADEMOISELLE DE LA TRIMOVILLE, FAIT PAR ELLE MESME

A LA HAYE, M. DC. LVI.

BIEN que je fois perfuadée que j'ay beaucoup plus de defauts, que de bonnes qualitez, je ne laifseray pas d'executer le defsein que j'ay pris de faire mon Portrait, afin de me faire connoiftre à mes amis le plus particulierement qu'il me fera poffible; car je ne veux pas les tromper dans la bonne opinion qu'ils pourront auoir de moy, ny leur donner fuiet de fe repentir de m'auoir trop legerement promis leur amitié.

Ie leur diray donc, que j'ay la taille moyenne & afsez grofsiere, la mine nullement releuée; la phyfionomie ny ftupide, ny fpirituelle; le tour du vifage trop long, quoy que le bas en foit afsez bien fait; la grace ny bonne, ny mauuaife; peu de difpofition pour la danfe; la gorge blanche, mais fort mal-faite; les mains pafsablement belles, & fort mal-adroites; les bras laids, & beaucoup trop courts; les yeux sans aucune viuacité, mais du reste asfez raisonnables, s'ils n'estoient extraordinairement battus ; la bouche ny belle ny laide, ny fort pasle, ny fort rouge ; la lévre de desfus vn peu trop auancée ; le menton fourchu ; le nez gros sans estre choquant; le teint ny beau ny laid ; les dents mal arrangées, & nullement blanches; les cheueux chaftain clair.

Ie n'ay l'esprit ny vif, ny plein d'expediens. Ie suis autant ignorante qu'on le sçauroit estre ; ma mauuaise memoire en est cause, qui ne m'a jamais pû permettre d'apprendre que fort peu de choses, & qui m'a toûiours fait oublier le peu mesme que j'auois apris. Pour ce qui est du jugement ie n'en manque pas. Ie me gouuerne fort par raison, & ie puis dire qu'il n'y à perfonne au monde qui foit plus aise qu'on luy die ses defauts, que moy. Ie rends auffi la pareille à mes amis, quand ils me témoignent le fouhaiter. Mon humeur est toûiours fincere & franche ; mais quelque fois elle l'est iufques à l'excez ; car j'auoüe qu'il feroit necefsaire qu'en certaines rencontres ie fufse plus diffimulée que ie ne suis : mais c'est vne chose de laquelle ie ne puis venir à bout, & que i'ay en vne furieuse auersion, aussi bien que la flaterie dont ie ne sçaurois iamais m'aider, & la peur que i'ay qu'on ne m'en accuse, me fait estre souuent moins complaisante, que ie ne deurois l'estre.

PORTRAITS.

Ie fuis fi éloignée de la promptitude, qu'il ne m'eſt jamais arriué de m'emporter contre qui que ce ſoit. Et quand on m'a donné vn juſte ſuiet de me fâcher, je témoigne ſi peu ma colere, que perſonne ne la ſçauroit remarquer, que par mon ſilence; mais pour ce qui eſt de cette ſorte de dépit qui ne s'attaque à perſonne, & qui n'eſt qu'vne certaine impatience viue & prompte, de voir que les choſes ſe font ou ſe diſent autrement qu'il ne faut, je le cache auec plus de peine, & ie n'en ſuis pas ſi maiſtreſſe que ie deurois. Ie parois moins tendre que perſonne, & cependant on ne peut pas aimer plus ſincerement, que je fais, ceux qui ont de la bonté pour moy, ny les ſeruir auec plus de joye; & ce m'eſt vn ſenſible déplaiſir, d'en entendre dire du mal, & de n'oſer prendre leur party. Ie fais fort difficilement connoiſſance; & je m'imagine que ce qui en eſt cauſe en partie, eſt l'indifference que i'ay pour la pluſpart des gens; ce qui fait que ie m'ennuye quaſi par tout, & que quand ie me trouue dans vne compagnie où ie ne me plais pas, ie ſuis inſuportable à tous ceux qui la compoſent, tant ie deuiens chagrine, réueuſe, & diſtraite, ce qui ſe peut auſſi-toſt connoiſtre à mon viſage, qui change à veüe d'œil. Mon temperament panche beaucoup pluſtoſt du coſté de la melancolie que de la ioye, à laquelle ie ſuis moins ſenſible qu'à la douleur, que je fuporte pourtant auec afsez de moderation. Il n'y a perfonne au monde qui foit plus ferme dans fes refolutions que moy ; aufſi eſt-il vray que je ne les prens jamais legerement, & fans y auoir bien penfé. Ie ne fuis nullement bizarre, ny aifée à fâcher, mais afsez vindicatiue, & incapable de me laiſſer gouuerner. Ie parois plus méprifante que je ne le fuis en effect, parce que i'ay l'abord extraordinairement froid, & peu recherchant : cela pourtant ne vient ny de gloire, ny d'inciuilité, qui font des defauts dont je fuis tout à fait éloignée, aufſi bien que de cette ambition incommode, qui confiſte en vn defir immoderé de s'agrandir. Ie ne me contente pas de n'eſtre point vaine, ie pafse dans l'autre extremité, & j'ay tant de defiance de moy-mefme, que cela augmente ma timidité naturelle, bien qu'elle foit fi grande, qu'on me fait rougir quand on veut. Ie ne fuis pas afsez foupçonneufe, mais je ne fçaurois me defendre d'eſtre vn peu curieufe ; je ne le témoigne pourtant pas, pource que j'enrage quand on me refufe de me dire les chofes que je voudrois fçauoir. Ie ne me fais point de feſte, & j'affecte fouuent d'ignorer des intrigues & des chofes que je fçay. Ie fuis tres-impatiente, & ne laifse pas d'eſtre bien parefseufe. J'aime étrangement à dormir. La menterie eſt vn vice que i'ay tout à fait en horreur, aussi bien que l'ingratitude : à mon opinion l'vne & l'autre ne peuuent loger que dans vne ame basse, & indigne de l'estime des honnestes gens.

I'ay trop peu de deuotion, & ie reconnois fort bien, que ie ne fais pas asez mon capital du seruice de Dieu, & que ie ne le prie pas auec asez de soin. Ie n'ay point ce brillant, & ce vif qui diuertit les compagnies. Il n'y a rien qui me choque plus que les affeteries & les grimaces. La galanterie me deplaist infiniment, & j'auray toûjours pour but de le témoigner par toutes mes actions. I'ay beaucoup d'auersion pour la parure; & ne tiens point de temps plus mal employé que celuy qu'on met à s'aiuster : il est vray que la négligence que i'ay pour cela est excessiue. I'aime la liberté, & la commodité sur toutes choses, & suis ennemie iurée de la contrainte, & des complimens. Vne des choses qui me touche le plus, c'est vne conuersation iolie & spirituelle, exemte de toute sorte de medisance & de railleries piquantes : ie ne les puis souffrir, non plus que les gens qui prennent plaisir à rompre en visiere, & peut-estre suis-je vn peu trop delicate sur ce chapitre. I'ay la derniere fidelité pour mes amis, & ie garderois le secret qu'ils m'auroient confié, quand bien ils viendroient à rompre auec moy. Ie ne m'emporte point de telle sorte contre mes ennemis, que je ne fois toûjours en eftat de leur faire juftice. Ie ne me fens coupable ny d'enuie, ny de jaloufie; & je n'ay pas moins d'auerfion pour l'hypocrifie, l'artifice, & la diffimulation. Ie ne parle ny bien ny mal, mais beaucoup trop vifte; mon ftile eft fort commun, & je n'écris que lors que je ne m'en puis difpenfer. I'ay trop peu d'application pour les chofes qu'on me dit, & que je dois faire; mais je fais beaucoup de reflexions fur celles que j'ay faites. I'aimerois afsez le bien & l'abondance, mais ce defir ne procede principalement, que de l'enuie que i'aurois d'en faire part à plufieurs. Ie fuis fi aifée à feruir, que l'on m'accufe de trop d'indulgence pour les perfonnes qui font aupres de moy. Ie me vante de connoiftre afsez toft ceux que je frequente.

Voila à peu pres l'opinion que j'ay de moy-mefme: c'eft aux autres à juger, fi je me fais juftice ou grace.

PORTRAIT
DE MADAME LA DVCHESSE
DE LA TRIMOVILLE,
FAIT PAR ELLE MESME A TOVARS
AV MOIS DE NOVEMBRE M. DC. LVII.

PVISQVE la suffisance d'vn peintre depend principalement de bien faire resembler vn portrait à son original, on ne sçauroit douter que ce ne soit le but que ie me propose, dans le dessein que i'ay de faire icy le mien. Son ébauche vous apprendra, qu'estant ieune ie passois pour n'estre, ny fort belle ny fort laide, & pour auoir plus d'agrément, que de beauté. I'auois les yeux petits, vn peu penchans aux deux bouts, d'vn beau bleu & asez vifs ; le nez fort laid; la bouche petite, & les lévres fort rouges ; le teint beau ; le tour du visage entre le rond & l'ouale ; le front trop grand ; les cheueux d'vn blond chastain, fort déliez, & asez longs ; & pour la taille, ie l'auois des plus belles, soit en sa forme, soit en sa hauteur. Ie n'estois ny maigre ny grasse, mais ayant plus de panchant vers la maigreur, que vers l'enbonpoint. Voila ce qui se peut dire du passé, il faut le retoucher pour en faire voir le changement. La taille que j'avois belle, s'est courbée par l'âge & par ma negligence ; mon teint, qui estoit blanc & delié, s'est jauni par mes maladies ; mes dents qui estoient asez blanches, se font noircies ; le blond de mes cheueux s'est blanchi, & la petite verole a acheué la laideur de mon nez. Vne personne qui consulteroit plus soigneusement son miroir, que je ne fais le mien, en diroit peut estre d'auantage, il me suffit que ce sont les principaux traits, & fort fidellement representez, & il est temps de passer à la description de choses plus esentielles.

I'ay l'esprit asez fort & penetrant, mais peu vif, & sans aucun brillant ; la memoire si diminuée qu'il ne m'en reste, que pour me souuenir du bien que l'on me fait. I'écris mieux que ie ne m'exprime, & ie me sens exemte de beaucoup de foiblesses, qui sont comme naturelles aux femmes. Ie cede difficilement à la force, mais volontiers à la raison ; je m'attache fort au solide, ie donne peu aux apparences ; & si ma santé répondoit au reste, je me sentirois asez capable des menagemens qui me seroient commis. Ma volonté va droit au bien ; mes inclinations m'en
détournent

détournent quelque-fois. Mes premiers mouvemens sont prompts & rudes, mais ils ne vont pas loin, aussi partent ils plûtost d'impatience que de colere, à laquelle ie ne me sens avoir nulle pente: ce n'est pas que le ressentiment des injures ne soit asez vif en moy, mais je le modere par la crainte de faire du bruit sans effet, qui est vn procedé pour lequel j'ay beaucoup d'aversion.

J'ay toûiours craint plus que la mort de faire aucune tache à ma reputation, & mon humeur à toûiours esté si éloignée de la galanterie, que je n'ay jamais eu besoin de la combatre; mais quand il en auroit esté autrement, i'ay tellement fait vn capital d'estre veritablement ce que ie voulois paroistre, que ie n'aurois rien épargné pour parvenir à ce but, & en cela ma physionomie n'a pas démenti mes inclinations. J'ay pris peu de soin à m'ajuster; & en mes habillemens, j'ay toûiours également plaint le temps & la dépense; & ie ne me suis iamais regardée en mon miroir, qu'avec cette pensée, que dans peu d'heures, ie deferois tout ce que ie faisois; ie me contentois que mes habits fussent propres & modestes, & i'estois bien aise qu'ils deuançasent mon age, plutost que d'en estre devancés. J'ay moins aimé la lecture que ie ne fais presentement, & les livres qui sont le plus selon mon goust, aprés ceux de deuotion, ce sont ceux qui

C

reglent les mœurs par les exemples, & par les preceptes. La lecture des Romans m'a toûiours esté insuportable, pource qu'ils n'apprennent que ce que ie voulois ignorer.

Ie n'aime l'oisiveté, ny en autruy, ny en moy; l'vne me donne du dégoust, & l'autre du chagrin, & c'est ce qui m'a le plus portée au ieu, car ce que i'y hazarde fait asfez voir que ie ne l'aime pas comme ieu, mais comme vn moyen qui m'oste l'ennuy de ne rien faire.

Ie me plais fort en la compagnie de gens d'esprit, mais sur tout de ceux qui s'attachent au bon sens & à la raison; toutes les finesses & les subtilitez qui s'en éloignent me sont de mauuais goust.

Ie n'ay nul sçavoir, & ie ne sçay que ce qu'on ne peut ignorer sans honte ; i'entens la raillerie asfez pour ne me piquer pas mal à propos de celles qui s'adresfent à moy ; ie crains fort de me commettre ; & condamne l'humeur de ceux qui aiment à rompre en visiere ; neantmoins ie la tolererois, si elle ne s'adresfoit qu'à des personnes presomptueuses, ennemies de la correction, & ignorantes de leurs defauts ; ce que ie blasme si fort en autruy, qu'incesfamment i'y fais des reflexions, & ie ne vois iamais faillir personne, que ie ne me taste, pour ne me croire pas innocente des fautes, dont ie reconnois les autres coupables, & pour eviter sur tout l'erreur de ceux qui attribuent à la vertu ce qui vient du vice, n'y ayant rien ou i'aporte tant de foin qu'à me bien connoiſtre.

I'aime fort ma commodité & peut-eſtre trop peu celle d'autruy. Les complimens & la contrainte, ce ſont mes fleaux, & ne trouuent de place en moy qu'aux dépens de mon amitié & de mon eſtime.

Ie me ſens le naturel plus tendre que ie ne le fais paroiſtre, & ſur tout vers mes proches, mais j'auoüe qu'il eſt moins étendu qu'il ne devroit eſtre, & que ma charité s'arreſte quelquefois où elle devroit paſser. Ie ne me ſens pas ſenſible au mépris, mais cela peut venir de ce que ie ne croy pas le meriter. Ceux qui me connoiſsent peu, me croyent glorieuſe, pource que mon abord eſt froid & peu carreſsant, & que ma reputation ne m'oſte rien de l'ambition que l'on me ſçait eſtre naturelle ; mais la verité eſt que ie hais fort la ſotte gloire. Ie dis la meſme choſe de la flaterie, & ie ſens autant d'averſion pour elle, que i'applaudis à la complaiſance ; & ſi ie ſuis quelques fois chiche de la mienne, c'eſt qu'elle ne s'excite que par vn degré d'eſtime, dont ie trouve peu de perſonnes dignes, & en cela i'auoüe que i'y ſuis trop delicate.

Ie hais la menterie, comme vn vice bas & de valet ; mais ie ne ſçaurois dire ſi cette haine m'eſt naturelle, ou ſi elle me vient de l'education que i'ay receüe d'vn Pere qui nous en a toûiours imprimé l'horreur avec tous les foins imaginables; & cela a pris de fi fortes racines en moy, que i'aperçois dans mes recits vne affectation à extenuer plutoft les chofes, qu'à les groffir, quand elles pafsent pour afsez extraordinaires. Ie ne me fens point de pente à la medifance, & ie la fouffre avec peine, fi fa delicatefse n'aide à la faire digerer. I'ay toûiours eu en moy vne extrême timidité, & fans elle i'aurois profité de mille occafions, que la pofture où i'eftois à la Cour me prefentoit à toute heure, pour l'avantage de ma maifon & de ma perfonne.

Mon humeur eft franche : je ne retiens que ce que la prudence m'empefche de faire éclater: & vne des chofes que ie fouhaiterois avec le plus de paffion, ce feroit de trouver vne perfonne également amie & raifonnable, qui vouluft établir avec moy ce commerce de nous dire auffi librement nos mauvaifes qualités que les bonnes, & d'eftre afurée d'vne fidelité entiere à ne nous en rien cacher, car i'aime en mes amies de la verité, & non de la flaterie. Ie garde mieux vn fecret qui m'eft confié, que les miens propres. Ie donne ma confiance à qui me donne la fienne, & que je fçay capable d'en bien vfer. Ie fuis conftante & ferme en ce que je promets. Mes amis peuvent s'afseurer que i'ay pour eux la derniere fidelité, & que rien ne me touche plus

PORTRAITS.

fenfiblement, que le plaifir de les obliger. Ie rends l'équité autant que je puis, & qu'elle m'eft connuë, & louë volontiers ceux qui en font dignes. Ie ne fuis point envieufe des graces meritées, mais j'en fouffre avec peine l'iniufte diftribution. Ie fuporte facilement les fautes de mes domeftiques, quand elles ne procedent ny d'infidelité, ny de defaut d'affection; je les demande doux & aimants la correction, & qu'ils attendent de moy leur recompenfe, quand mefme je n'en ferois iamais follicitée par eux.

Ie fais vn jugement afsez iufte de l'humeur & de la portée de l'efprit de ceux avec lefquels i'ay quelque commerce, & ie pourrois afsez facilement feparer le bien du mal, pour me fervir vtilement de l'vn, & me garantir des effets de l'autre. Ie ne fuis ny méfiante, ny foupçonneufe, ny bizarre, ny mocqueufe, mais afsez curieufe & dépite. Mon humeur eft égale fans emportement, ayant plus de panchant vers la gaïeté que vers la triftefse; auffi eftois-je née faine & d'vn bon temperament, mais divers déplaifirs, & le foin de beaucoup d'affaires ont preualu fur l'vn & l'autre, & m'ont renduë fuiette à beaucoup d'incommoditez. I'apporte vne extrême application à tout ce que je fais, & je m'y donne toute entiere. Ie ne m'efloigne pas du fafte & de la dépenfe, pourueu qu'ils euffent des fondemens folides, fans quoy je les improuue totalement.

Ie ne me fens pas liberale au point que beaucoup le font, mais je ne fuis pas auffi dans vne auarice choquante. Mon intereft ne me fera iamais rien faire contre mon honneur & ma confcience ; mais cela à part, je le cherche où je puis, & n'y épargne rien. I'oublie facilement les offenfes qui me font faites, quand je les fçay fuiuies d'vn veritable repentir : l'ingratitude eft celle qui s'efface le plus difficilement de ma memoire, auffi eft-ce vn vice bas & qui ne peut loger que dans des ames extrêmement lâches, & dont on ne voit que peu de perfonnes fe repentir : mais ce qui me choque fur tout, c'eft quand il arriue que mes bonnes intentions font mal interpretées, & que je reçois des reproches d'où i'aurois à attendre des remercîmens.

La paffion où i'ay le plus de pente eft celle de l'ambition, neantmoins j'y mets autant que je peux cette borne, de ne la poufser que par de bons & legitimes moyens, & je puis afseurer qu'elle ne fe termine point en ma perfonne, & que fon objet principal eft la maifon où ie fuis entrée.

Quand à ce qui eft de la pieté, ie m'y trouve fort defaillante, mais neantmoins avec des fentimens fort épurez pour le fervice de Dieu, & vne refolution ferme de les preferer à tous les avantages de la terre.

PORTRAIT
DE MONSIEVR LE PRINCE
DE TARENTE,
FAIT PAR LVY MESME A TOVARS,
AV MOIS DE NOVEMBRE M. DC. LVII.

JE suis si persuadé que personne ne me connoist si bien que moy-mesme, que quand mon Portrait ne paroistroit pas resemblant à tous ceux qui le verront, je ne puis m'empêcher de m'en iuger vn tres fidele peintre, & de croire que j'ay la teste fort bien proportionnée, couverte de cheveux blonds, en bon nombre, tirants sur le cendré, ny frisez, ny fort plats : les sourcils & la barbe de la mesme couleur; les premiers vn peu trop larges. Mon visage est ouale, ny fort gras, ny fort maigre ; le teint ny pasle ny haut en couleur; le front & le nez raisonnables; les yeux bleus, petits, peu fendus & brillants; la bouche trop grande; le menton fourchu & double; les dents petites, ny noires ny blanches. Ma taille est fort droite, & asez libre; elle n'est pas des plus grandes, elle est de celles qu'on appelle les riches. I'ay la main, la iambe, & le pied bien fait; la main blanche & trop grosse; la jambe telle qu'elle doit estre; & le pied si sensible que ie ne me sçaurois bien chausser sans beaucoup souffrir. Ie ne m'aiuste que rarement; le plaisir que d'autres y prennent m'est vne fatigue estrange; & i'estime que le temps qu'on y donne doit estre mieux employé.

La gayeté me donne vn air qui me sied fort bien; mais cela n'arriue pas souvent, car naturellement ie suis réueur, chagrin, & distrait dans les choses indifferentes. Ma complexion est robuste, & ie souffre toutes sortes de fatigues sans peine. I'aime tous les exercices du corps, & i'y aurois eu grande disposition, sans vn accident qui m'a rendu incapable presque de tous : ie n'aurois pas esté moins propre à ceux de l'esprit, si la vie errante que i'ay menée, ne m'auoit dérobé le loisir de m'y apliquer.

I'ay eu vne memoire prodigieuse; & il m'en reste tres-peu; ie veux esperer que le iugement a pris la place de ce que i'en ay perdu; i'en ay neantmoins suffisamment conserué, pour aprendre les langues dont i'ay eu besoin; mais non pas asez pour les retenir toutes. Ie ne suis pas ignorant dans la fortification, & dans la carte. I'aime la lecture, sans y avoir le dernier attachement, sur tout celle de l'Histoire. I'écris plus facilement que je ne parle; mon style est succint & net; ma parole brusque & decisive. Ie recherche plus les divertissements pour le plaisir d'autruy, que pour le mien particulier. I'ay asfez de force sur moy pour ne m'ennuyer en aucun lieu. Mon temperament est chaud & bilieux; mais la raison le corrige & l'assaisonne de flegme. Mon humeur est des plus égales & nullement transportée; mon abord froid me fait paroistre glorieux, bien que je ne le sois pas en effet. Ie suis incapable de fausses gloires, & je trouve que ceux qui s'y abandonnent, en font sans y penser leur capital. Ie n'ay pas moins d'ambition, que ceux qui m'ont devancé; mais je la regle de sorte qu'elle ne se découvre que lors qu'il y a lieu de la pousser. I'ay du cœur pour faire toutes les choses que l'honneur me dictera. Ie n'estime pas ceux qui croient establir leur reputation par de frequents procedez : j'estime qu'ils se méfient d'eux mesmes, & que lors qu'on se sent incapable de foiblesse, on merite davantage d'éviter vne querelle sans qu'il y aille du sien, que de la porter à bout. Ie suis ennemy du mensonge à vn point, que je ne le souffre pas mesme dans les bagatelles. I'ay repugnance à flater & a estre flaté, ce qui l'augmente est que la flaterie est toûjours accompagnée de mensonge. I'abhorre la médisance, & je ne croy pas legerement le mal qu'on me dit de mon prochain, particulierement aux dépens des femmes.

Ie ne fuis pas auare; & fi ie pafse pour moins liberal que ie ne fuis, c'eft à ma mauvaife fortune qu'on s'en doit prendre, & non à mon inclination. Ie condamne la parefse, & je ne remets pas au lendemain les chofes que je puis faire par avance. Ie fuis timide au dernier point, & ne puis me rofoudre de rien demander pour moy, non pas mefme à mes plus proches. Ie fuis amy de l'équité, & en ce qui dépend de moy je la rends, fans avoir égard à l'inégalité des perfonnes. Ie fouffre impatiemment l'oppreffion; & j'aime paffionnément la liberté. Ie fuis ennemy de la contrainte & des égards, & je recherche autant que je puis la commodité dans la vie.

Ie n'ay nul panchant à la cruauté, ny mefme à chaftier feverement : & fi ie fuis contraint à forcer mon naturèl, c'eft dans vne neceffité preffante. Ie fuis trop indulgent à mes domeftiques; & i'en tolere les deffauts, pourveu qu'ils ne procedent pas de manque d'affection. Ie fuis naturellement bien faifant; & fi je ne le témoigne pas en toutes rencontres, c'eft que j'ay experimenté qu'en obligeant trop indifferemment, on deuient enfin inutile à ceux qu'on affectionne le plus. Ie fuis fidelle à mes amis autant qu'on le peut eftre; je fuis fur cela à l'épreuve de tout intereſt. I'aime mieux les ſeruir de ce qui m'appartient, que d'en avoir l'obligation à autruy. Ie ſuis ferme & effectif en mes paroles, & dans mes engagemens : & bien loin d'imiter ceux qui ne le ſont pas, en ce qu'ils donnent beaucoup aux aparences pour ſe déguiſer, je neglige l'acceſſoire pour me donner tout entier au principal.

Ie ſuis extrémement franc à ceux qui le ſont; mais comme il y en a peu, je parois reſerué à beaucoup. Ie ſuis difficile à tromper par ceux qui m'ont déja trompé : les precautions que je cherche pour m'en garantir paſſent ſouvent pour vn excez de méffiance. Ie ne reviens pas aiſément lors qu'on m'a offenſé de propos deliberé. Ie ſuis ſi peu prompt, que je n'ay pas de peine à retenir mon reſſentiment tout autant qu'il faut pour examiner s'il eſt juſte.

Ie ne me laiſſe pas abbatre à l'adverſité, quelque violente & de durée qu'elle ſoit; & je me ſens vn fonds de patience inépuiſable. Ie ne puis parler par experience de la proſperité, car iuſqu'à cette heure ie ne l'ay pas éprouvée : mais comme ie me ſens, ie répondrois bien que ie ne l'acheteray iamais par de mauvais moyens, bien que praticables à la plus grande partie du monde ; & que lors qu'elle m'arrivera, i'en iouïray avec moderation, & ſans donner ſuiet à mes amis de ſe plaindre du changement que la bonne fortune a accouſtumé de produire.

Ie suis ferme & bien instruit dans ma Religion, & incapable d'en changer pour quoy que ce soit : mais je n'ay pas toute la pieté necessaire à vn fort bon Chrestien.

Enfin, mon Portrait est de ceux qui ne reviennent pas en gros, mais qui plaisent à la pluspart, lors qu'on les considere en détail.

PORTRAIT
DE
MADEMOISELLE
FAIT PAR ELLE MESME
A CHAMPIGNY,
AV MOIS DE NOVEMBRE M. DC. LVII.

PVISQVE l'on veut que ie faſſe mon Portrait, ie tâcheray de m'en aquitter le mieux que ie pourray. Ie ſouhaitterois qu'en ma perſonne, la Nature prévaluſt ſur l'Art ; car je ſens bien que ie n'en ay aucun pour corriger mes defauts ; mais la verité & la ſincerité avec la-

quelle je va dire ce qu'il y a de bien & de mal en moy, attireront aſſurement la bonté de mes amis pour les excuſer : je ne demande point de la pitié, car je n'aime point à en faire ; & la raillerie me plairoit beaucoup plus, puiſque d'ordinaire elle part plutoſt d'vn principe d'envie, que l'autre, & que rarement l'on en a contre les gens de peu de merite.

Ie commenceray donc par mon exterieur. Ie ſuis grande; ny graſſe ny maigre; d'vne taille fort belle & fort aiſée. I'ay bonne mine; la gorge aſſez bien faite; les bras & les mains pas beaux, mais la peau belle, ainſi que de la gorge. I'ay la iambe droite, & le pied bien fait; mes cheveux ſont blonds & d'vn beau cendré; mon viſage eſt long, le tour en eſt beau; le nez grand & aquilin; la bouche ny grande ny petite, mais façonnée & d'vne maniere fort agreable; les lévres vermeilles; les dents point belles, mais pas horribles auſſi; mes yeux ſont bleus, ny grands ny petits, mais brillans, doux & fiers comme ma mine. I'ay l'air haut, ſans l'avoir glorieux. Ie ſuis civile & familiere; mais d'vne maniere à m'attirer plutoſt le reſpect, qu'à m'en faire manquer. I'ay vne fort grande negligence pour mon habillement; mais cela ne va pas juſques à la malpropreté; je la hais fort; ie ſuis propre; & negligée ou ajuſtée, tout ce que je mets eſt de bon air: ce n'eſt pas que je ne ſois incomparablement mieux ajuftée, mais la negligence me fied moins mal qu'à vn autre ; car fans me flater ie dépare moins ce que ie mets, que ce que je mets ne me pare. Ie parle beaucoup fans dire de fottifes, ny de mauuais mots. Ie ne parle point de ce que je n'entens pas, comme font d'ordinaire les gens qui aiment à parler, & qui fe fiant trop en eux-mefmes, méprifent les autres. I'ay de certains chapitres, où l'on me feroit volontiers donner dans le panneau : ce font de certaines relations des chofes dont i'ay eu quelque connoiffance, & quelque part. Et quoy que d'autres y puif-fent avoir eu part auffi bien que moy, & que i'en die du bien quand i'en parle ; il femble que j'écoute plus volontiers celuy que l'on dit de moy, & que je cherche d'avantage à m'at-tirer des loüanges, qu'à leur en donner. Ie penfe que voila feulement en quoy ie fuis moquable. Ie fuis toute propre à me picquer de beaucoup de chofes; & ie ne me picque de rien que d'eftre fort bonne amie, & fort conftante en mes ami-tiez, quand je fuis affez heureufe pour trouver des perfonnes de merite, & dont l'humeur fe raporte à la mienne; car je ne dois pas patir de l'inconftance des autres. Ie fuis la perfonne du monde la plus fecrette; & rien n'égale la fidelité & les égards que i'ay pour mes amis: auffi veux-je que l'on en ait pour moy, & rien ne me ga-gne tant que la confiance; parce que c'eft vne marqué d'eſtime, ce qui eſt ſenſible au dernier point à ceux qui ont du cœur & de l'honneur. Ie ſuis fort méchante ennemie, eſtant fort colere & fort emportée, & cela joint à ce que je ſuis née, peut bien faire trembler mes ennemis: mais auſſi j'ay l'ame noble & bonne. Ie ſuis incapable de toute action baſſe & noire; ainſi je ſuis plus propre à faire miſericorde, que iuſtice. Ie ſuis mélancolique; i'aime à lire les livres bons & ſolides; les bagatelles m'ennuyent hors les Vers; ie les aime de quelque nature qu'ils ſoient; & aſſurément ie iuge auſſi bien de ces choſes là, que ſi i'eſtois ſçavante. I'aime le monde, & la converſation des honneſtes gens, & neantmoins ie ne m'ennuye pas trop avec ceux qui ne le ſont pas; parce qu'il faut que les gens de ma qualité ſe contraignent, eſtant plutoſt nés pour les autres, que pour eux meſmes : de ſorte que cette neceſſité s'eſt ſi bien tournée en habitude en moy, que ie ne m'ennuye de rien, quoy que tout ne me divertiſſe pas. Cela n'empeſche point que ie ne ſçache diſcerner les perſonnes de merite, car i'ayme tous ceux qui en ont vn de particulier en leur profeſſion. Par deſſus tous les autres, i'ayme les gens de guerre, & à les oüir parler de leur meſtier. Et quoy que i'aye dit que ie ne parle de rien que ie ne ſçache, & qui ne me convienne, i'avoüe que ie parle volontiers de la guerre; ie me ſens fort brave; i'ay beaucoup de courage

courage & d'ambition, mais Dieu me l'a si hautement bornée par la qualité dont il m'a fait naiftre, que ce qui feroit deffaut en vn autre, eft maintenir fes œuvres en moy. Ie fuis promte en mes refolutions, & ferme à les tenir. Rien ne me paroift difficile pour fervir mes amis, ny pour obeïr aux gens de qui ie dépens. Ie ne fuis point intereffée : ie fuis incapable de toute baffeffe; & i'ay vne telle indifference pour toutes les chofes du monde, par le mépris que i'ay des autres, & par la bonne opinion que i'ay de moy, que ie pafferois ma vie dans la folitude, plutoft que de contraindre mon humeur fiere en rien, y allaft-il de ma fortune. I'aime à eftre feule : ie n'ay nulle complaifance, & i'en demande beaucoup : ie fuis défiante fans me défier de moy : i'aime à faire plaifir & à obliger : i'aime auffi fouvent à picotter & à déplaire. Comme ie n'aime point les plaifirs, ie ne procure pas volontiers ceux des autres. I'aime les violons plus que toute autre Mufique : i'ay aimé à danfer plus que ie ne fais, & ie danfe fort bien : ie hais à iouër aux cartes, & i'aime les ieux d'exercice : ie fçay travailler à toutes fortes d'ouvrages, & ce m'eft vn divertiffement auffi bien que d'aller à la chaffe, & de monter à cheval. Ie fuis beaucoup plus fenfible à la douleur qu'à la ioye, connoiffant mieux l'vne que l'autre; mais il eft difficile de s'en apercevoir; car quoy que ie ne fois ny Comedienne, ny façonniere, & qu'on me voye d'ordinaire jusques au fonds du cœur, i'en suis toute-fois si maistresse quand je veux, que ie le tourne comme il me plaist, & n'en fais voir que le costé que je veux montrer. Iamais personne n'a eu tant de pouvoir sur soy, & jamais esprit n'a esté si maistre de son corps; aussi en souffré-je quelque-fois. Les grands chagrins que i'ay eus auroient tué vne autre que moy, mais Dieu m'a si bien proportionné toutes choses, & les a renduës si soumises les vnes aux autres, qu'il m'a donné vne santé & vne force nompareille; rien ne m'abat, rien ne me fatigue; & il est difficile de connoistre les evenemens de ma fortune, & les déplaisirs que i'ay, par mon visage, car il est rarement alteré. I'ay oublié que i'ay vn teint de santé qui respond à ce que je viens de dire : il n'est pas delicat, mais il est blanc & vif. Ie ne suis point devote, je voudrois bien l'estre, & déja je suis dans vne fort grande indifference pour le monde; mais ie crains que ce qui me le fait mépriser, ne m'en détache pas, puisque je ne me mets pas du nombre de ce que i'y méprise; & il me semble que l'amour propre n'est pas vne qualité vtile à la devotion. I'ay grande application à mes affaires, ie m'y attache tout à fait, & j'y suis aussi soupçonneuse, que sur le reste. I'aime la regle & l'ordre jusques aux moindres choses. Ie ne sçay si je suis liberale; je sçay bien que i'aime toutes les choses de faste & d'éclat, & à donner aux gens de merite, & à ceux que i'aime; mais comme je regle cela souvent selon ma fantaisie, je ne sçay si cela s'appelle liberalité. Quand je fais du bien c'est de la meilleure grace du monde; & personne n'oblige si bien que moy. Ie ne louë pas volontiers les autres, & je me blasme rarement. Ie ne suis point médisante, ny railleuse, quoy que je connoisse mieux que personne le ridicule des gens, & que i'aye assez d'inclination à y tourner ceux qui me séblent le meriter. Ie peins mal, mais j'écris bien naturellement, & sans côtrainte. Quant à la galanterie je n'y ay nulle pente, & mesme l'on me fait la guerre que les Vers que i'aime le moins, sont ceux qui sont passionnez, car je n'ay point l'ame tendre; mais quoy qu'on die que je l'ay aussi peu sensible à l'amitié, qu'à l'amour, je m'en defends fort, car i'aime tout à fait ceux qui le meritent, & qui m'y obligent; & je suis la personne du monde la plus reconnoissante. Ie suis naturellement sobre, & le manger m'est vne fatigue; mesme ce m'en est vne de voir ceux qui y prennent trop de plaisir. I'aime davantage à dormir; mais la moindre chose où il est necessaire que je m'occupe, m'en distrait sans que i'en sois incommodée. Ie ne suis point intriguante: i'aime assez à sçavoir ce qui se passe dans le monde, plutost pour m'en éloigner, que par l'envie de m'en mesler. I'ay beaucoup de memoire, & je ne manque pas de jugement. J'ay à souhaiter que si quelques vns en font de moy, ce ne soit pas sur les evenemens de ma fortune; car elle a esté si malheureuse iusques icy, au prix de ce qu'elle auroit dû estre, que leur reflexion ne me seroit peut-estre pas favorable. Mais assurément pour me faire justice, l'on peut dire que j'ay moins manqué de conduite, que la fortune de jugement; puisque si elle en avoit eu, elle m'auroit sans doute mieux traitée.

PORTRAIT
DE MONSIEVR LE MARQVIS
DE LA ROCHEPOSE',
FAIT PAR LVY MESME
A CHAMPIGNY,
AV MOIS DE DECEMBRE M. DC. LVII.

C'EST vne entreprise bien delicate que celle de parler de soy-mesme. Ce qu'on en dit de mal est facilement persuadé; mais les choses avantageuses attirent la raillerie, & ne gaignent la créance de personne. Ces raisons m'auroient bien empêché de faire mon Portrait pour l'exposer au public, mais rien ne me peut dispenser d'obeïr à la personne qui m'a commandé de le faire & de le luy envoyer: aussi bien ne pourrois-je pas me cacher à la penetration de son esprit, si elle avoit entrepris de me connoistre.

Ma taille est vn peu au dessus de la mediocre,

aſſez propre à tous les exercices; entre leſquels je me ſuis particulierement attaché à faire des armes, & à danſer. J'ay le poil chaſtain & délié; le viſage long; le nez grand, & aquilin; les yeux petits, enfoncez dans la teſte; le regard vif; & je ſuis aſſez maigre, à cauſe de ma complexion bilieuſe.

Peu de gens me ſurpaſſent en la facilité de concevoir & d'apprendre; j'applique mon eſprit autant & auſſi long temps que je veux, ſans eſtre jamais fatigué par la longueur du travail. Ie poſſede fortement & nettement ce que j'ay vne fois conçu, comme je le debite ſans peine & ſans confuſion. J'aime & cherche la verité ſeule en toutes choſes : ie la ſoutiens avec vne extrême fermeté lors que ie penſe l'avoir trouuée; & je ne ſçaurois la trahir dans les occaſions meſme ou elle ſe trouve contraire à mes deſſeins, & à mes intereſts, ſi l'on me l'a demande de bonne foy. Ie ne me laiſſe neantmoins jamais préoccuper, en ſorte que ie ne ſois toûjours preſt à changer d'avis, auſſi toſt que l'on me fera connoiſtre des raiſons plus fortes que les miennes; ſans quoy je ne me rends jamais, ſi ce n'eſt dans les matieres de la foy, ou l'autorité fait la preuve.

J'ay eu la memoire excellente, & ie l'ay encore aſſez bonne; mais elle ne me ſert quaſi de rien, pource que je m'attache peu à la lecture des Hiſtoires; aimant mieux celle des livres qui consistent en raisonnements : d'où vient que je ne retiens les choses que par la force de l'imagination. L'inclination que i'ay euë à l'estude, me fist prendre la Soutane à l'âge de vingt-trois ans : mais quelques interests de famille me la firent quitter à vingt-cinq, apres avoir acquis la qualité de Bachelier de Sorbone. Ie n'ay pas laissé d'estudier avec grand soin les questions du temps ; & ie marque à dessein cette particularité de ma vie, pour excuser la liberté que ie prens fort souvent de soutenir contre des Ecclesiastiques celle des opinions contestées, que ie croy la plus veritable ; ce qui me feroit condamner d'imprudence par ceux qui ne sçachans pas cette circonstance, ignoreroient aussi l'obligation particuliere en laquelle ie suis de defendre avec vigueur les veritez de la Religion. Il est bien necessaire que ie fasse cette petite apologie pour mon iugement, qui ne sçauroit éviter vne forte censure, si l'on veut examiner la suite des actions de ma vie, sans en penetrer les causes ; & principalement quand on ne sçaura pas que ie n'ay iamais rien fait contre l'ordre, sans condamner en mesme temps l'emportement qui me rendoit coupable ; tant il est vray que mon esprit & ma volonté ont exercé souverainement & separément leur fonctions, dans le temps que les passions m'ont possedé, comme ie diray bien-tost ; ce qui est ce me semble, vne loüange asfez mediocre.

Il eſt bien mal-aiſé de peindre en peu de traits les qualitez de mon ame, ſous leſquelles ie comprens ma volonté, mes habitudes, & mes inclinations. La plus forte de toutes, c'eſt le deſir de la liberté en toutes choſes. C'eſt par luy que i'examine tout de nouveau (fors en matiere de Religion) les concluſions qui ſont plus generalement ſuivies, & qui par vne longue ſuitte d'années ont acquis tant d'autorité, que la plus part des hommes feroit ſcrupule de les remettre en queſtion : & ce qui me fait agir ainſi, eſt que la verité eſt toûjours vne, & qu'il n'eſt pas poſſible, que ce qui ſe trouvera faux apreſent, ait iamais eſté vray, au moins en matiere de ſcience. C'eſt encore par cet amour de la liberté, que les avantages ſeuls de la fortune ne m'ont iamais attaché aux intereſts des grands, ny porté à leur témoigner aucune affection, ſi ie ne les ay crû dignes d'eſtre aimez, & capables d'aimer ; pource que l'affection a ſeule ce privilege, de rendre libres toutes ſortes d'actions. Cette liberté me paroiſt ſi naturelle & ſi iuſte, que dans mon ame ie ne defere rien aux avantages ſeuls de la naiſſance, auſquels la couſtume & les loix me font déferer tant de choſes : & c'eſt par ce principe auſſi, que me faiſant iuſtice à moy-meſme, i'ay autant de repugnance aux ſervices que me rendent mes valets, qu'à celuy qu'on m'obligeroit de rendre à quelque maiſtre, & que ie conſidere l'ordre

commun

commun qu'on void entre les hommes, comme vne comedie, en laquelle par le commun confentement des plus puifsans certaines regles ont efté eftablies, differentes, mais proportionnées à leurs puifsances, que la couftume & le temps ont depuis confacrées & renduës inviolables.

I'ay l'ame la plus tendre du monde ; & c'eft par la qu'encore que ie fois fort fenfible aux offences, ie fuis toute-fois incapable de me vanger, ou de ne pardonner pas à ceux qui fe repentent; bien que ie ne puifse me fier à ceux qui m'ont trompé. Ie fuis capable de compaffion iufques à la foiblefse ; égal autant qu'on le peut eftre ; ennemy juré du fafte & de toutes fortes d'affectations. I'aime l'honneur qui dépend de moy-mefme, & n'y renoncerois pas pour chofe du monde ; mais ie laifse à la fortune le foin de le faire éclater au dehors. I'ay tant de fincerité, & fuis fi peu intereffé, que jugeant des autres par moy, je me fierois en tout le monde, fi je n'avois efté fouvent trompé.

Ie mefure les bien-faits par l'intention ; ce qui fait que je n'ay point de reconnoiffance pour de certaines perfonnes qui m'ont donné, & me tiens eftroitement obligé à d'autres qui ne m'ont iamais fait de bien. Ie ferois liberal, & quelque chofe de plus, fi la fortune me le vouloit permettre, pource que je méprife le bien. Ie fuis facile à faire de nouveaux amis ; mais incapable

F

de perdre les anciens : leurs fecrets, & leurs interefts me font fi facrez, que l'amour mefme ne fçauroit me les faire violer.

Ie ne fuis pas médifant ny curieux ; & je fçay trop ce que nous fommes pour avoir de la gloire & de l'ambition. I'abhorre le fommeil, & ne m'y rends iamais, que je n'y fois forcé ; mais je ne laiffe pas de dormir beaucoup.

Ie ne connois point de paffion que l'amour : il n'a jamais dépendu de mon choix, fans inclination. I'en ay toûjours efté le maiftre dans les commencemens, & l'efclave dans le progrez. Ie l'ay fuivy de toute l'eftendue de mes forces; toute-fois fans aveuglement. Ie n'ay jamais efté libertin dans ma créance ; & je feray devot en pratique comme en theorie, quand il plaira à Dieu de m'en faire la grace.

PORTRAIT
DE
MONSIEVR DE BRAIS
ESCVYER DE MADEMOISELLE,

ESCRIT A CHAMPIGNY

AV MOIS DE DECEMBRE M. DC. LVII.

PAR MADEMOISELLE.

IL me convient moins qu'à homme du monde de faire mon Portrait : mais comme il me convient mieux qu'à nul autre d'obeïr, & de faire les choses qui peuvent plaire & divertir les personnes à qui je dois tout ; au hazard de faire vn Portrait mal touché, & fort desavantageux pour moy, je m'en va le commencer ; me persuadant qu'à l'âge que j'ay, je ne dois pas craindre de me montrer mal ajusté & sans fard ; car pour l'ordinaire les Portraits en mettent à ceux qui en ont autant de besoin que moy.

Ie suis grand; j'estois de belle taille quand j'estois jeune; j'avois la teste belle; & mesme l'on disoit que je n'avois pas le visage laid: mais maintenant l'âge, & les fatigues de la guerre ont diminué mes cheveux, qui sont quasi gris; m'ont vouté la taille, & m'ont osté ce que je pouvois avoir de passable au visage: mais i'ay encore bonne mine; j'ay la jambe belle, & le pied bien fait; les dents grandes, mais saines & blanches. I'ay la main passable; i'ay l'air & l'abord fort froid, & mesme incivil à ceux qui ne me connoissent point. I'ay esté fort gay; mais je suis mélancolique presentement, ayant contracté cette habitude par des maladies, qui m'ont esté causées par des blessures, & dont je me sens tous les iours. I'ay esté assez galant étant jeune, & mon âge ne m'empesche pas de m'en souvenir, mais bien de dire si ie l'ay esté heureux, ou malheureux. Cela m'a servi à me donner vn peu plus de politesse, que ceux qui ont esté toute leur vie à la guerre n'ont pas d'ordinaire; & mesmes qui ont servi comme moy en vn païs, où l'on ne l'est pas fort: en recompense, si je n'y ay pas apris la civilité, j'y ay apris la sincerité; car les Flamans sont les gens du monde de la meilleure foy. I'ay esté toute ma vie à la guerre , & j'ay fait ce meſtier avec plaiſir; auſſi y ay-je ſervi avec ſuccez, ayant eſté aſſez heureux pour attirer l'eſtime des perſonnes avec qui i'ay ſervi, & pour en avoir receu des marques par les emplois que j'ay toûjours eus : & je n'aurois jamais diſcontinué, ſi la Paix ne ſe fuſt faite en Hollande où je ſervois. Ie parle peu, & ſi ie parle mal, l'on s'en doit plutoſt prendre à ceux que j'ay hantés, à qui la phraſe & l'expreſſion de noſtre langue ne ſont pas connuës, qu'au manque d'eſprit. Ie n'ay point eſtudié, & je n'ay nulle ſcience, & je ne me picque de rien, que d'eſtre vn fort bon officier d'infanterie, fort ſenſible aux obligations que je puis avoir, & fort fidelle à mes amis: j'ay eſté aſſez heureux pour en avoir par tout où j'ay eſté, & ſans me faire de feſte, ny m'empreſſer; ce qui eſt fort éloigné de mon naturel, qui s'éloigne meſme trop du monde. I'ay eſté aſſez heureux pour auoir eſté recherché & eſtimé, lors que l'on m'a connu. I'ay eſté aſſez débauché eſtant ieune, ſoit que i'y euſſe de l'inclination, ou que je fuſſe dans vn païs, ou c'en eſt aſſez l'vſage ; mais, graces à Dieu, je m'en ſuis fort corrigé, & je ſuis le plus reglé de tous les hommes ; & meſmes cela va iuſques à obliger ceux qui me connoiſcent, à me faire la guerre que ie ſuis deuot; ce que ie ne ſuis pas,& que ie voudrois bien eſtre.

Si ie n'ay pas dit affez de bien de moy, pour me faire aimer & m'attirer des loüanges, & fi ie n'ay pas affez caché mes defauts, pour éviter le blafme & la hayne des lecteurs; c'eft que ie me fuis affez declaré ne fçavoir ny lire, ny écrire, pour que perfonne n'en doute.

PORTRAITS.

PORTRAIT
DE MONSIEVR LE CHEVALIER
DE BETHVNE,
FAIT A SAINT FARGEAV
AV MOIS DE DECEMBRE M. DC. LVII.

PAR MADEMOISELLE.

APRES avoir tant differé à faire mon Portrait, i'aurois pû m'en paſſer; puis que ie me ſens par cette raiſon plus obligé à le mieux faire que les autres, ayant pû remarquer les defauts des leurs, & me corriger ſur leurs fautes. Ces raiſons ſont bonnes; mais apres avoir veu mon Portrait on trouvera que i'en ay plus, pour m'excuſer de mon peu d'application, que ie n'en aurois de me trop appliquer : enfin chacun ſe connoiſt, chacun ſçait ſes affaires, & ſouvent celles des autres; ſi ie ſuis de ce nombre, ce ſera vne de mes bonnes raisons, pour excuser les defauts de mon Portrait.

J'ay l'ame d'vn grand Seigneur, & la fortune d'vn cadet; vous pouvez iuger par là combien i'aime les plaisirs, la magnificence & le grand équipage; combien ie suis liberal; enfin combien i'aime toutes les choses que doivent aimer les grands Seigneurs, dont l'ame souvent n'est pas, comme à moy, proportionnée à la fortune. Pour venir à la mienne, ie suis cadet de bonne maison; ainsi, peu pecunieux, mais i'ay bonne mine; i'ay l'air noble; ie suis assez agreable; i'ay de l'esprit, & du ioly; ie sçay les histoires; ie sçay les Poëtes, & le suis quelque-fois. Enfin à me voir & à m'entendre, ie suis persuadé que ie plairay plus qu'vn homme de cent mil livres de rente; que ceux qui ne me connoistront gueres, croiront que ie les ay; & que ceux qui me connoistront beaucoup, me les souhaitteront.

Ie n'ay nul vice, ie suis naturellement sobre & ennemy de toute débauche; ie ne mange que des confitures; ce qui fait qu'vn de mes plaisirs, est de faire collation avec les Demoiselles: ie les aime passionnément; & si c'estoit vn foible ce seroit le mien; mais ie suis persuadé que ce n'en est pas vn: quand ie les aime, c'est avec vn attachement incroyable; & mesmes cela va à vn tel aveuglement, que ie crois aveugler les autres; car souvent ie crois qu'ils ne voyent pas
ce

ce qui est visible. J'ay esté assez leger jusques à cette heure, ou pour mieux dire, changeant, car mes passions ont souvent changé d'objet; mais je crois que c'est moins ma faute, que celle des personnes qui me les causoient; car à parler avec toute la sincerité possible, j'avouë que j'ay esté vn peu Hylas, mais presentement je me crois vn Cyrus; hors que je ne m'estime pas vn si grand capitaine : toute-fois ie serois bien comme luy, car ie m'amuserois volontiers à la belle, pendant que mes troupes se lasseroient sous les armes au retour d'vn combat; mais je ne me laisserois pas enlever en écoutant des relations des prisonniers que je prendrois, car hors l'objet aimé, le reste m'ennuye. Ie suis brave, & j'aimerois la guerre avec passion sans les fatigues, car i'aime mes aises : toute-fois je surmonte en cela mon inclination, par l'affection que j'ay pour mon devoir. Ie suis le meilleur amy du monde, & pour servir ceux de qui ie le suis, j'irois d'vn bout du monde à l'autre en poste, ce qui est vne fatigue, & que je n'aime pas. Ie suis sincere & cordial autant qu'homme du monde, & j'ose dire que j'ay beaucoup de probité, & que je passe fort pour cela, & assurément ceux qui me connoistront seront persuadez de cette verité; & plus que nul autre, les personnes qui m'ont ordonné de faire mon Portrait.

G

PORTRAIT

DE LA PRINCESSE D'ANGLETERRE,

SOVS LE NOM DE LA

PRINCESSE CLEOPATRE,

FAIT PAR MADAME DE BREGIS

A PARIS, AV MOIS DE IVIN M. DC. LVIII.

APELLES mesme seroit indigne de faire le Portrait de la jeune Princesse Cleopatre, s'il falloit que l'ouvrage dûst entrer en comparaison avec le sujet : de sorte qu'estant impossible de rendre ce qui est dû à la façon des Dieux, elle se contentera du zele qui porte à travailler pour elle vne main si peu sçavante, qu'elle ne pourroit sans honte faire connoistre, ny faire approuver le dessein qu'elle a pris de representer Cleopatre.

Pour commencer par la taille, je diray que la jeunesse l'a fait toûjours croistre, & que l'on void bien qu'elle ne s'arrestera qu'à la hauteur où les plus parfaites demeurent. Son air eſt auſſi noble que ſa naiſſance. Ses cheveux ſont d'vn chaſtain clair, fort deliez : & pour ſon teint, il n'eſt point dans les fleurs d'éclat qui luy ſoit comparable. Sa blancheur eſt ſi grande, qu'il eſt aiſé de voir qu'elle la tient des lys d'où elle ſort. Ses yeux ſont bleus & fort brillans. Sa bouche eſt incarnate. Sa naiſſante gorge eſt belle : & ſes bras & ſes mains fort bien faits : & par tous les charmes qui ſont en elle, l'on void bien qu'elle ſort du Thrône, & qu'elle eſt faite pour y remonter. Son eſprit eſt vif & agreable; il la fait admirer dans ſes actions ſerieuſes, & la fait aymer dans les plus ordinaires. Elle eſt douce & obligeante ; & bien qu'elle ſe pût moquer avec beaucoup d'adreſſe, ſa bonté l'en empeſche. Elle donne la meilleure partie de ſon temps à aprendre ce qui peut faire vne Princeſſe parfaite : & pour le reſte de ſes momens, elle les dérobe à l'oyſiveté, pour en acquerir mille agreables ſciences : car elle danſe d'vne grace incomparable : elle chante comme vn Ange, & le claveſſin n'eſt jamais mieux touché que par ſes belles mains. Tout cela rend la jeune Cleopatre la plus aymable Princeſſe du monde : & ſi iamais la fortune leve ſon bandeau pour la voir, elle ne luy peut refuſer toutes les grandeurs de la terre ; elle les merite ; je les luy ſouhaite plus paſſionnément que personne ne peut faire : mais j'aime mieux qu'elle ignore mes sentimens, que de les luy déclarer de moins bonne grace qu'il ne faut, pour meriter de plaire à l'aimable Princesse, dont j'ay fait le Tableau.

PORTRAITS.

PORTRAIT
DE MADAME
L'ABBESSE DE CAEN,
ESCRIT PAR ELLE MESME A PARIS,

AV MOIS DE IVIN M. DC. LVIII,

PAR L'ORDRE DE MADEMOISELLE.

L'OBEISSANCE que je dois à voſtre Alteſſe Royale, MADEMOISELLE, eſt la ſeule raiſon qui pouvoit m'obliger à faire mon Portrait, en ayant mille qui devroient m'empeſcher de parler jamais de moy-meſme; dont les principales ſont, que je n'en puis dire que peu de bien, & que je n'aime point à en dire du mal, & que quand meſme j'en pourrois dire quelque choſe d'avantageux, ce ne ſeroit pas ſans beaucoup de confuſion; à joindre que je suis prevenuë que nous sommes de fort méchans juges de nous-mesmes; qu'il n'y a point de defaut plus vniversel que celuy de se méconnoistre; ny rien de si commun, que d'estre les premiers trompez sur ce qui nous regarde ; que nous avons beau avoir des miroirs fidelles, nostre amour propre en gaste les plus pures glaces, & nous nous y voyons d'ordinaire si differens de ce que nous sommes, & de ce que les autres nous voyent, qu'il y a souvent moins de difference de nous aux autres, que de ce que nous sommes à ce que nous pensons estre. Toutes ces considerations m'auroient empesché d'entreprendre jamais de faire mon Portrait, si l'ordre de V. A. R. n'estoit pour moy vne raison à laquelle toutes les autres doivent ceder, comme l'obeïssance que je luy dois, est vn des premiers de tous mes devoirs. Voicy donc, MADEMOISELLE, non pas peut-estre ce que je suis, mais au moins ce que je pense estre.

Ie suis grande, & n'ay point vne mauvaise mine, beaucoup trop grosse. I'ay quelque hauteur dans la physionomie, & de la modestie. I'ay les yeux bleus, d'assez belle forme, le nez trop grand, la bouche point desagreable, les lévres propres, & les dents ny belles ny laides; le teint vif, mais trop rouge; les bras & les mains assez bien faits, si le trop d'embonpoint n'en avoit osté la delicatesse. I'ay les cheveux blonds

& déliez. Il y a de la netteté en toute ma personne ; mais cette netteté vient plus de mon bon temperament, & de ma santé, que de propreté ; car je suis nette, mesme sans estre propre. I'ay beaucoup de vivacité dans l'esprit ; & son estenduë est ce me semble entre la plus grande & la mediocre. Ie ne crois pas estre tout a fait dépourveuë de jugement ; car bien que mon temperament ne soit pas de ceux qui font les grands jugemens, parce que c'est le sang qui domine en moy, & que je suis fort gaye naturellement ; ce que j'ay d'esprit me sert à me faire connoistre ce qui m'en manque, & j'en ay à vn degré, & d'vne maniere, que c'est plutost ce que j'ay d'esprit qui fait ce que j'ay de jugement, que ce n'est mon jugement qui fait mon esprit. I'ay de la facilité à comprendre presque toutes sortes de choses, excepté les procez, & les termes de chicane. I'ay aussi assez de facilité à parler & a écrire, & je connois les fautes que j'y fais ; comme je suis promte à tout ce que je fais, je les connois souvent sans les corriger. Vn de mes plus grands plaisirs est celuy de la conversation, mais je le trouve avec peu de personnes, bien que j'en voye beaucoup qui ayent plus d'esprit que moy ; mais soit que ceux avec qui je parle, l'ayent au dessus ou au dessous, je rencontre peu de gens, qui selon moy jugent équitablement, qui ne louënt ce qu'on devroit blasmer, & qui ne blafment ce qu'on devroit louër, tant pour les perfonnes que pour les chofes : & le peu de perfonnes que l'on rencontre, qui foient fans preocupation, qui ayent l'efprit droit, les lumieres juftes, & les fentimens raifonnables, fait que je n'ay nulle peine à garder la folitude, à laquelle ma profeffion m'engage; quoy que mon naturel y foit oppofé : ainfi elle pourroit m'eftre agreable par le feul dégouft du monde, quand je ne conterois pour rien les douceurs que la devotion y fait rencontrer. l'ay de la défiance du monde en general, & je fuis perfuadée qu'il eft remply de méchanceté, de fourberie & de lafcheté : & comme je découvre tous les jours que la moitié du monde trompe l'autre, & que les perfonnes les plus éclairées font abufées en quelque chofe, en quoy elles ne croyent pas l'eftre, je crains que fouvent il n'en foit de mefme de moy ; & cette défiance, ou plutoft cette connoiffance du monde fait que je me défie des plus belles apparences, & de la plus grande partie des chofes qui me pourroient le plus fatisfaire, comme feroit d'avoir beaucoup d'amis, de pouvoir prendre confiance, de parler feurement, &c. L'opinion auffi que je vois qui fait quafi tous les plaifirs de la vie des autres, ne fait point celuy de la mienne ; je dis la plufpart de celles qui font receuës quafi generalement ; j'ay les miennes particulieres, & je ne puis me conduire

par

par celle des autres. Ie connois bien que souvent l'opinion rend heureux ceux qu'elle trompe; au lieu que la lumiere de la verité, en nous détrompant, nous rend quelque-fois miserables: mais comme, selon moy, l'erreur est vn des plus grands de tous les malheurs, ie ne puis pas vouloir acheter mon bon-heur au prix d'estre trompée. Il m'est pourtant arrivé quelque-fois de regreter vn certain temps de ma vie, où mille choses me donnoient de fort sensibles plaisirs, quoy que je ne les eusse que par ce que j'estois plus ieune & moins raisonnable; mais c'est qu'en perdant ceux-là, ie n'en ay pas trouvé d'autres, & qu'il est rude de vivre sans en avoir. Il me semble tous les jours que plus les lumieres me viennent, plus elles m'en ostent; par ce que plus on juge équitablement, plus on trouve de choses qui doivent donner du dégoust & du chagrin; & moins on en trouve qui puissent donner de veritables joyes. Il est vray aussi que celles qu'on a sont bien plus pures; & que si l'esprit donne plus de sensibilité pour les choses fâcheuses, il fait aussi sentir davantage celles qui sont agreables, & ayde à supporter les autres, & à se mettre au dessus. Il me semble qu'il fait cet effet en moy, & que je suis fort sensible à la joye & à la douleur. Pour l'humeur je l'ay gaye, comme j'ay déja dit, & portée à la joye: j'aime à en voir aux autres, & à leur en procurer;

H

mais j'aime aussi que les autres servent à mon divertissement & à mon plaisir. Ie pense les choses assez plaisamment ; je les dirois de mesme si je voulois, & si la modestie de ma Profession & la charité du prochain ne m'en empeschoit. Les méchantes plaisanteries me déplaisent autant que les fines & les spirituelles me divertissent. Quoy qu'asseurément j'aye beaucoup de gayeté dans l'humeur, les personnes qui n'ont qu'vne demi-connoissance de moy, me croyent plutost froide & serieuse : je la suis tousiours auec les personnes que je n'estime pas ; & generalement parlant j'ay encore plus de plaisir dans les conversations serieuses, où je parle de mes sentimens franchement avec mes amis, & où on dit des choses sensées & raisonnables, que dans les conversations plus enjoüées, & où il y a moins de solidité. Ie crois avoir de l'égalité dans l'humeur, & n'estre pas difficile à vivre. Mon temperament & mon humeur me portent à esperer facilement les choses que je desire, & à ne desesperer pas de celles que je crains. I'aime à me former d'agreables idées dans l'auenir ; & quoy que le bon sens me fasse voir toute la difficulté qu'elles peuuent auoir à reüssir, ce qui est possible d'agreable dans l'auenir, est déja pour moy quelque chose de reel dans le present. L'esperance toute-fois qui en general me donne du plaisir pour les choses éloignées, me fait beaucoup de peine pour celles que je vois de plus proche, quand elles n'arriuent pas promtement. Ie suis si vive & si promte, qu'il n'y a pas de plus grand tourment pour moy que l'effet d'vn desir retardé, ny de bon-heur que je ne creusse auoir acheté, si je l'avois desiré long-temps. Ie n'aime point à contester, quoy que j'aye des opinions contraires à celles que l'on souftient : cela vient de ce que j'ay de la complaisance : je puis mesme dire que ma complaisance est vne vertu en moy; car quoy que ie sois portée à en avoir par inclination, je m'en sers auec raison, & jamais je n'en ay de lasche ; car s'il s'agissoit de soûtenir l'interest de mes amis, personne ne le feroit contre qui que ce soit avec plus de chaleur : & si la complaisance peut m'obliger à me taire quelque-fois, elle ne m'oblige iamais à parler contre mon sentiment. I'ay le defaut de juger, & de parler assez ordinairement des autres, plûtost par ce qu'ils sont à mon égard, que parce qu'ils sont à celuy d'eux-mesmes : pourtant si je n'aime pas tout ce que j'estime, j'ay quelque estime pour tout ce que j'aime ; & pour vne personne dont je voudrois faire ma premiere & ma principale amie, je ne le pourrois pas, si je ne l'estimois furieusement. Ie ne hais pas à estre loüée de ce que j'ay de bon, & mesme vn peu flatée : je n'aime pas pourtant les loüanges tout a fait iniustes, parce qu'elles me font honte; mais du plus au moins je ne serois pas fort fâchée que mes amis se trompassent vn peu, & qu'ils me fussent indulgents. Pour les loüanges de ceux qui ne pensent pas ce qu'ils disent, je les abhorre estrangement. Pour l'ame ie crois l'auoir fort desinteressée, & que c'est vne des choses qui est la meilleure en moy, ne connoissant effectiuement point d'autres interests que ceux de mes amis, pour qui i'ay vne chaleur fort grande. Ie serois aussi assez méchante ennemie, sans la conscience. Ie crois que j'ay de la fermeté ; car quoy que j'aye quelque peine à me resoudre aux choses, quand vne fois ie les ay resoluës auec raison, tout le monde ensemble ne me feroit pas changer. Pourueu que i'aye préveu les choses fâcheuses, je les reçoy auec tranquillité. Il me semble que je serois incapable de faire vne bassesse pour quoy que ce fust. Ie me sens le cœur plus haut, quand on me veut abaisser. Pour de la sincerité, il me semble que i'en ay beaucoup. Ie ne suis pas naturellement dissimulée ; & quand je la suis, c'est plûtost ma raison qui m'y porte, que mon naturel. On ne me feroit pas pourtant donner aisément dans le panneau, pour me faire dire mes sentimens sur ce que je croirois deuoir taire ; car ordinairement je ne fais pas confidence de mes affaires ny de ce que je pense, par foiblesse ny par occasion, mais par dessein, par choix & auec distinction. Ie pourrois pourtant estre vn peu duppe sur l'amitié, & sur la confiance qu'on me témoigneroit, pourueu que ce ne fuſt pas pour long-temps. I'ay touſiours de l'aigreur contre les gens qui m'ont trompée vne fois. Ie crois que j'ay plus de douceur que de bonté, & que ie ſuis meilleure dans mon procedé & dans mes actions, que dans mes penſées & mes iugemens. Ie ſuis promte, mais aſſez maitreſſe de ma colere, qui ne m'a jamais, ce me ſemble, oſté la preſence d'eſ-prit; & au contraire elle me rend ordinairement eloquente. I'ay le cœur tendre pour mes amis, & les ſentimens fort ſenſibles & delicats: ma de-licateſſe fait meſme que ie ſuis aſſez aiſée à bleſſer ſur l'amitié, & que pour des ſujets aſſez legers j'ay meſme des bizarreries; mais ma raiſon m'en fait reuenir, & fait que ie conſidere touſiours dauantage les qualitez eſſentielles. Ie ne connois la hayne que par l'amitié; & ſi je hais c'eſt parce que j'aime. Ie puis oublier le mal qu'on m'a fait; je ne puis oublier le bien. Ie ſuis née fort volon-taire, & ma volonté ſeroit vne raiſon où j'en fe-rois ceder bien d'autres, ſi je ne tâchois ſouvent à la regler. Ie n'ay pas trop l'eſprit d'ordre naturel-lement; & j'auoüe qu'il y a de certains deſordres qui apportent de la nouueauté dans les choſes, qui me plaiſent. Ie mépriſe fort ce que ie mépriſe. I'aimerois aſſez le pouvoir de me vanger: je crois que j'en vſerois bien, pourueu que je le puſſe faire connoiſtre: mais ce que ie ſçay bien, c'eſt que je ne me vangerois pas du plus grand ennemy que i'eusse au monde, par vne trahison, par vne fourberie, ou par vne lascheté. Ie suis fort glorieuse naturellement, & l'humilité à laquelle ma Profession m'oblige, n'a pas pû corriger ce defaut: & quoy que je n'aye pas de peine à faire des actions d'humilité par ma Profession, parce que je comprens qu'il y a de la gloire à la bien faire; j'ay de la disposition à chercher dans l'humilité mesme, par vne secrette inclination que j'ay pour la gloire, celle qu'il y a à s'humilier; ce qui est vn defaut tout a fait contraire à la pratique de cette vertu. I'aime peut-estre vn peu trop ma maison pour vne Religieuse. Ma Profession corrige beaucoup de defauts de mon naturel; & comme je l'aime fort, & que je l'ay prise auec choix & auec inclination, quoy que j'eusse pû le faire par raison, & que j'en eusse beaucoup pour cela, les choses qu'elle m'oblige à faire ne me sont pas si difficiles, que si ie n'auois point le goust que j'ay pour la condition que i'ay prise: la connoissance que j'ay du monde ne sert qu'à m'y confirmer tous les jours; & je puis dire que l'estime de l'vne croist par le mépris de l'autre. Il me resteroit beaucoup de choses à dire, peut-estre plus essentielles, tant pour le bien, que pour le mal qui est en moy; mais comme depuis hier j'ay eu fort peu de temps, & beaucoup de desir d'obeïr promptement à V. A. R. je dis celles qui se presentent les premieres.

J'avoüe pourtant que j'obmets volontairement beaucoup de defauts ; mais V. A. R. se contentera, s'il luy plaist, de ceux que j'ay marquez ; parce que la plufpart des autres qui me restent à dire sont à l'égard de Dieu, & par consequent plus propres à estre mis dans ma Confession generale, que dans mon Portrait, que je crains bien, quoy que ie n'aye pas eu intention de mentir en l'escriuant, d'auoir beaucoup flaté par aveuglement. Si j'estois assez heureuse pour estre assez connuë de V. A. R. pour qu'elle le voulust corriger, elle en seroit plus capable que personne ; & je prendrois la liberté de l'en suplier tres-humblement, pour recompenser l'obeïssance que je luy ay renduë : si j'osois du moins luy en demander son sentiment, je le ferois. Ce que j'ose l'asseurer, c'est que ce que je puis encore mettre de plus veritable dans mon Portrait, deuant que de le finir, c'est le profond respect que j'ay pour elle, & l'attachement que j'auray toute ma vie pour ses interests & pour son seruice, n'osant pas parler des sentimens de mon cœur pour son admirable personne.

PORTRAIT
DE LA FILLE DE MADAME
LA PRINCESSE
DE TARENTE,
AGE'E DE CINQ ANS ET DEMY,
ESCRIT PAR ELLE MESME A PARIS,
AV MOIS DE IVIN M. DC. LVIII.

'AY les yeux noirs, vn peu trop petits; le tour du visage rond; le front trop grand; le nez vn peu camus; les sourcils bien faits; la bouche fort jolie, le menton fourchu vn peu carré; le teint bien blanc quand je me suis decrassée; la teste vn petit bien grosse, mais qui s'aptisse peu à peu; les cheveux d'vne belle couleur, bien deliez; la taille vn peu trop grosse. I'ay plus d'esprit que de jugement. I'aime mieux donner que de recevoir. I'ay l'humeur bien douce; mais je suis pourtant quelque-fois vn peu dépite. Ie suis grande aumos-
niere.

niere. I'aime fort à lire, & principalement la parole de Dieu. I'aime fort mes parens. Ie ne suis point gourmande. Ie n'aime point qu'on se mocque de moy. I'ay l'humeur fort gaye. Ie ne suis plus opiniatre. Pour dire le vray, je suis vn peu poltronne. I'aime bien à joüer, à me divertir, à courir. I'aime fort à voir faire quelque chose, & je hais fort de ne rien faire. Ie suis tout à fait secrette. I'aime fort ceux qui me servent. Ie n'aime point ceux qui mentent, & je me hais quand j'ay menty. I'aime les raretez. La compagnie que j'aime le mieux, c'est d'estre avec mes parens. Ie ne suis point glorieuse. Ie ne seray jamais coquette. Ie n'aime point à battre, ny a estre battuë. Ie ne suis point pas colere, mais je suis vn peu promte. Ie suis fort craignant Dieu; j'aime fort à faire sa volonté, & j'espere qu'il me benira.

PORTRAIT

DE

LA REYNE DE SVEDE,

ESCRIT PAR MADAME

LA COMTESSE DE BREGIS

A PARIS, AV MOIS DE IVIN M. DC. LVIII.

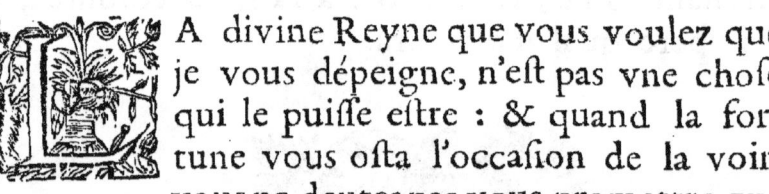A divine Reyne que vous voulez que je vous dépeigne, n'est pas vne chose qui le puisse estre : & quand la fortune vous osta l'occasion de la voir, vous ne deutes pas vous promettre que tout ce qui est en elle vous pût jamais estre representé, puis qu'il faudroit des yeux propres à regarder fixement le Soleil, pour les oser lever sur elle, sans en estre éblouy. Ne jugez donc pas de la Reyne du Nord par ce que ie vous en vais dire ; mais seulement de mon amitié pour vous,

qui me fait entreprendre au dela du poſſible, vous donnant vn Portrait qui feroit dans ſon entrepriſe trembler les plus hardis pinceaux.

Ma main pour vous plaire en commence vne ébauche, en vous diſant que cette Princeſſe eſt plus petite que grande; mais qu'il ſemble qu'elle ſe feroit deffenduë de croiſtre davantage, afin qu'il fuſt plus extraordinaire de luy voir dans cette taille vne mine ſi haute & ſi majeſtueuſe, que l'on la connoiſt d'abord pour maiſtreſſe de tout ce qui l'environne. Ses cheveux ſont du plus beau blond-cendré : ſon teint eſt fort blanc malgré toutes les ſaiſons à quoy elle l'expoſe : ſon nez eſt vn peu grand, mais fort bien fait : ſa bouche petite; ſes dents blanches : la forme de ſon viſage vn peu longue, mais fort agreable; & tous les traits y eſtant regulierement placez, y font vn aſſemblage qui plairoit infiniment à regarder, ſi les beaux yeux de cette Reyne en laiſ-ſoient la hardieſſe ; mais il n'en eſt point que la rencontre des ſiens ne faſſe baiſſer : ils ſont bleus, & de ce bel azur, dont nous paroiſt le Ciel : ils ſont grands, & de la plus belle forme, & plus brillans que la lumiere meſme : ils ſe font des ſujets de tous ceux qu'ils regardent ; & s'ils voyent moins bien que les autres, la nature ne leur a laiſſé ce petit defaut, que pour donner le temps, avant que d'en eſtre veu, de les voir; ce que le respect auroit toûjours empesché sans cela. Sa gorge, ses bras & ses mains sont de la couleur de la neige. Voila ce qui fait sa personne, & la rend aimable à toute autre, hors à elle mesme, qui n'a jamais regardé sa beauté, ny songé à la conservation de sa personne; ne s'estant appliquée qu'à se rendre digne d'estre immortelle, sans se soucier du temps, ny de sa durée, qui luy paroistra toûjours assez longue, pourveu qu'elle ne fuye point la mort par des soins & des craintes qui feroient honte à sa belle vie. Pour son esprit il est si grand & si merveilleux, qu'il faudroit de nouueaux termes pour parler d'vne chose qui n'eut jamais de semblable ; car elle est née si capable, qu'elle ne trouve dans le monde que ce qu'elle nous y auroit laissé de sciences, s'il n'y en avoit point eu devant elle: elle possede vne si profonde & si veritable connoissance de toutes choses, que sans s'arrester à ce que l'erreur ou la coustume les a fait valoir, elle ne les prend que pour ce qu'elles sont. Elle sçait mieux l'art de regner, que tous les politiques ne l'ont jamais sçeu; mais son grand cœur le méprise, puis qu'elle a rendu à la fortune le Royaume qu'elle en a receu en naissant, comme estant le partage d'vne aveugle puissance, qui n'a pas sçeu connoistre que toute la terre devoit estre soumise à CHRISTINE, pour luy donner envie de s'abaisser à regner ailleurs que sur elle mesme, & non pas dans vn coin du monde, qui en estant vn des grands Royaumes, n'estoit neantmoins pas ce qu'il falloit pour borner cette grande Princesse, qui s'est donné vn successeur avant sa mort; à condition qu'il occuperoit assez dignement le Throsne où elle s'est assise, pour continuer d'en rendre le Sceptre redoutable à tous ceux qui en portent, & apprendre à ses voisins à demeurer ses amis, ou à devenir ses tributaires : & c'est avec tant de discernement qu'elle a fait son choix, que le Prince qu'elle a mis en sa place surpasseroit la gloire de ses devanciers & de ses descendans, si CHRISTINE & son Pere ne l'arrestoient dans le chemin, & s'ils ne luy laissoient cueillir des lauriers seulement pour en apporter la Couronne à leurs pieds, puis qu'il n'execute que les projets de la grande CHRISTINE, qu'elle n'a abandonnés ny faute de cœur, ny par la crainte des travaux qui accompagnent les grandes entreprises ; mais seulement pour se trouver touchée de la pretention d'vne plus haute gloire, que celle que se sont proposée Alexandre & Gustave. Elle s'est attachée à vne solide vertu, dont la recompense est distribuée par de plus justes mains, que ne sont celles de la renommée, qui souvent arrache ses presens, lors qu'ils sont devenus des biens, dont elle ne nous sçauroit plus priver sans injustice. Ainsi la grande CHRISTINE ne viuant plus que pour connoistre la verité & pour suivre la vertu, elle se fait de sa propre gloire vne plus digne Couronne, que celle qu'elle avoit receuë de ses Peres.

PORTRAIT
DE MADEMOISELLE
DE VANDY,
ESCRIT A PARIS AV MOIS DE IVIN

M. DC. LVIII.

PAR MADEMOISELLE.

Ovs voulez donc que je fasse voſtre Portrait, par vne fauſſe humilité qui ne vous permet pas de dire du bien de vous : mais on verra bien que vous eſtes telle que je le va dire ; & comme en vous diſant tout, je vous diray peut-eſtre des choſes mal-agreables, quelqu'vn jugera que c'eſt pluſtoſt par vne ſecrette vanité, que vous ne l'avez pas voulu entreprendre. Quoy qu'il en ſoit, puis que vous avez voulu que ce fuſt moy, vous aurez contentement, & vous vous allez voir fort bien dépeinte.

Pour faire voſtre Portrait tout de voſtre haut,

c'est ce qui tiendra le moins de temps & de place, car Dieu vous a faite des plus petites, toute-fois fort bien proportionnée ; & cela s'appelle vne jolie taille. Quoy que vous fouhaitiez d'eftre graffe, je vous diray en amie que la maigreur vous fied bien. Vos cheueux font blonds, & par confequent vos yeux bleus & beaux : la bouche grande, mais point defagreable : enfin à tout prendre vous eftes bien faite, & vous auez aufli bonne mine que peut auoir vne petite perfonne. Pour de l'efprit vous en auez naturellement, & cela ne me furprend pas ; vous eftes d'vne race dont tout ce que je connois en a infiniment ; & j'ay ouy dire la mefme chofe de tout ce que je n'ay pas connu. Comme vous l'auez fort vif, & que ces fortes d'efprits demeurent rarement fans agir ; j'ay fçeu que les premieres années de voftre vie, que vous auez paffées aux champs, ont efté employées à la lecture de tout ce qu'il y a jamais eu de Romans en noftre langue, en Italien & en Efpagnol ; car il eft bon que l'on fçache que vous poffedez ces deux langues. Cette lecture pour l'ordinaire porte volontiers à aimer la galanterie ; les jeunes perfonnes y font affez fouuent conduites par ce chemin là, & la Prouince n'y nuit pas ; mais cette galanterie n'eft pas d'vn bon tour, non plus que les lumieres que ces liures donnent, fi tout cela n'eft corrigé par quelques années de

Paris

Paris, ou de la Cour, ou de tous les deux ensemble : & quelque-fois ne deuient-on pas plus habile par là ; mais quand tout cela prend ce bon tour, que j'ay dit eſtre neceſſaire, cette lecture n'eſt pas abſolument inutile. Vous auez eſté à la Cour en arriuant à Paris, & vous y eſtes deſcenduë chez la perſonne du monde la plus propre à faire les gens, pour les faire fort aimables. Mais d'entreprendre le Portrait de M. la Comteſſe de Maure auec le voſtre, ce ſeroit vne grande hardieſſe, & cela eſt au deſſus de mes forces. Reuenons à vous & aux Romans; ils ne vous ont pas nuy, puis que je ne vous ay veuë vous ſeruir de cette ſcience, que pour entretenir les Dames de campagne qui venoient voir MADEMOISELLE à Saint Fargeau, ne ſçachant ſouvent que leur dire, vous leur teniez de tels propos, croyant qu'ils leurs deuoient eſtre agreables : ainſi cela ſert à l'affabilité & à la civilité que vous auez naturellement pour ceux que vous croyez qui en auroient pour vous ; autrement vous eſtes fiere au dernier point, & quelque-fois glorieuſe ; & j'ay découuert que cette fierté, & cette gloire vous ſont naturelles, & que ce ſont des maladies de race : car comme voſtre maiſon eſt venuë d'Alemagne, quand vous vous ſouuenez que vous y eſtes Princeſſe, vous oubliez que les chimeres des autres vous donnent ſujet de raillerie, & vous ſeriez toute preste à en donner aux autres. Vostre vertu irreprehensible, & cette haute prudence que vous professez interieurement & exterieurement (cette explication est bonne en ce temps sans en dire dauantage, car en vous disant des veritez fauorables, il ne faut pas blasmer les autres) cette haute vertu donc est assurément comme il faut ; & s'il y manque quelque chose, c'est que l'humilité n'est pas la dominante. Auec tout cela, si vous auiez trouué vn Galand qui eust seul toutes les qualitez que beaucoup de gens ont separément, je ne sçay pas ce qui en fust arriué : mais comme c'est vne chose impossible à touuer que des gens qui fussent propres à satisfaire vn goust de chez la Comtesse de Maure, c'est-pourquoy vous estes prude, car l'on ne fait point de bassesse chez elle de quelque nature que ce soit. Vous n'auez nulle deuotion; & cela vient de ce qu'ayant le cœur bon, vous estes peu souffrante, & que vous avez de la peine à pardonner. Vous auez autant de delicatesse sur la haine, que sur l'amitié ; & la conduite vniforme de vostre vie vous empeschant d'auoir des remords, vous croyez que viuant moralement bien, c'est assez, & vous n'estes pas seule que cette pensée éloigne de la deuotion : cela est plus Philosophe que Chrestien. Vous estes fort paresseuse : vous n'aymez ny à vous promener ny à trauailler, mais beaucoup à dormir, & à estre assise en bonne compagnie;

car la mauuaife vous laffe encor plus que la promenade. Ie connois mefmes de telles gens qui vous feroient monter à cheual, ce que vous haïffez fort, pour éuiter l'honneur de leur entretien. Vous feriez volontiers toûjours dans vne chaife, fi ce n'eft qu'eftant toûjours auec des perfonnes qui en donnent à fort peu de monde, en cela feul vous preferez l'honneur à la commodité ; j'entends l'honneur de la compagnie ; car pour l'honneur perfonel, il va deuant tout : & quand on vous reproche toutes ces chofes, vous vous excufez fur la foibleffe de voftre temperament, quoy que vous ayez plus de force de corps qu'à vous n'appartient; mais l'efprit eftant le principal reffort qui agit en vous, ceux qui vous connoiftront, ne vous accuferont jamais d'auoir rien de foible. Vous eftes genereufe, & vigoureufe pour vos amis ; dés qu'il s'agit de leur faire plaifir, ou de les feruir, vous courez à ce qui s'appelle par monts & par vaux. Vous eftes fenfible aux offices qu'on vous rend; & pour des chofes de rien, vous en auez beaucoup de reconnoiffance. Ie vous affure que rien n'eft plus difficile que de faire le Portrait des autres; car de fe guinder à la moyenne region, ou de grimper, comme vous dites, fur des flâmes pyramidales, quoy que je fois affez alerte, & que j'aye affez de difpofition, cela me feroit fort difficile; & je crains toûjours les chofes dont on ne void point le re-

K 2

tour, & où l'on ne regarde que le commencement; car j'ay ouy dire que les retours valent bien marines. Mais comme je n'ay rien dit dans voſtre Portrait qui puiſſe eſtre interpreté ny contre vous, ny contre moy, je me mets l'eſprit en repos. Ie vous donne le bon-ſoir, & je vous ſuplie de me continuer l'honneur de vos bonnes graces : je dois auec juſtice y auoir quelque part, par celle que je ſçay que vous auez dans les miennes.

PORTRAIT
DE MADAME
LA DVCHESSE
D'ESPERNON,
ESCRIT A PARIS AV MOIS DE IVIN
M. DC. LV. LII.

PAR MADEMOISELLE.

E feray plutoſt vn abregé de ma vie que mon Portrait, eſtant aſſez difficile de faire l'vn ſans l'autre : c'eſt pourquoy l'on m'excuſera ſi je m'étens vn peu au long : & comme on ſoulage ſes maux quand on en fait part à ſes amis, on ne doit point s'étonner que je me donne

cette consolation, puis-que faisant ma peinture je l'adresse à des personnes qui m'ont toûjours témoigné beaucoup d'amitié.

Ie suis née comme la faveur de Monsieur le Cardinal de Richelieu, qui estoit mon Oncle; sa fortune & moy croissions en mesme temps: mais comme la fortune va plus vîte que les années, pour ceux à qui elle veut estre favorable, je n'avois pas douze ans qu'elle estoit à ce haut degré qui a toûjours duré jusqu'à sa mort. Il me fist venir à Paris, où j'estois regardée de tout le monde, comme le sont d'ordinaire les Nieces d'vn favory. I'estois l'objet du desir de toutes les meres, & celuy de l'amour des plus ambitieux; & assurement je puis dire que j'ay merité l'vn & l'autre par ma personne. I'estois aussi bien faite en ma taille, que l'on le peut estre pour cet âge. Mes cheveux sont noirs, & plantez d'vne maniere qui me donne vn certain agrément à la teste, que l'on me dit toûjours que personne n'a que moy. I'ay les yeux noirs; le nez fort bien fait; la bouche ny grande ny petite; le teint blanc pour vne brune; le tour du visage assez bien fait; & tout cela accompagné de la plus grande douceur du monde, que j'ay dans l'humeur, aussi bien que sur le visage. Ie n'aime pas beaucoup de personnes; mais j'aime mes amis avec la derniere constance & fermeté. Ie suis affable, bonne, complaisante, & liberale au dernier point. I'ay du cœur infiniment. Si je suis souffrante, c'est bien malgré moy; & la prudence m'est souvent vne vertu rude à pratiquer. I'ay de la voix, elle n'est pas forte, & vous jugerez bien, quand je ne l'aurois pas dit, qu'elle est fort douce, puis qu'il n'y a rien en moy qui ne soit ainsi : je l'ay assez agreable, & j'aime passionnément la Musique ; les violons sont celle que j'aime le moins, par ce que c'est celle qui fait le plus de bruit. Ie n'aime point à danser, & je ne va aux bals & aux assemblées, que quand je ne m'en puis dispenser. Depuis quelques années j'en ay peu vû, car ma santé, qui est fort delicate, ne me permet pas de veiller ; & l'estat de ma fortune m'est vne assez honneste excuse, & ne m'est qu'vn trop fâcheux pretexte de m'en priver. Ie n'ayme pas trop le monde, hors mes amis particuliers; & ma mal-heureuse destinée, m'a fort accoustumée à la solitude, & n'a pas peu contribué à me la rendre agreable. I'aime la promenade, mais moderée, car je n'aime pas à m'eschauffer, & je me lasse aisément. Par la maniere dont je me suis dépeinte on jugera peut-estre que je suis assez propre à la devotion, car je n'aime qu'a faire du bien; je suis charitable, retirée & mal-heureuse; tout cela peut aisément faire vne devote : j'aime les chapelets, mais je ne sçay si c'est par ce que j'aime les bijoux, où si c'est que j'aime les Reliques; car je suis vne grande bijoutiere, & je suis trop heureuse d'avoir dequoy m'occuper ; j'aime les jolies heures & les images ; voila bien des dependances de la devotion : mais apres tout si Dieu ne touche le cœur, il n'y a rien de fait. Ie luy demande tous les jours sa grace, je l'attens avec impatience, & il me l'a faut pour estre tout-a-fait devote. J'aime assez à lire ; mais je pense que voila sufisamment dequoy vous faire connoistre que je ne merite pas tout ce que je va vous dire. Lors donc que j'estois à la Cour dans l'estat que je vous ay depeint, Monsieur le Cardinal mon Oncle me maria tout aussi bien qu'il se pouvoit. J'épousay l'heritier de la faveur de Monsieur Despernon qui avoit esté favory de Henry III. le plus liberal Prince du monde (ce seroit peu de dire des nostres, car l'on à toûjours accusé nos Roys de ne l'estre pas beaucoup.) Il estoit encore heritier de la maison de Foix du costé de sa Mere : enfin il estoit en tout le plus avantageux party que je pouvois esperer. Ses Maisons estoient toutes belles & bien basties ; ses meubles magnifiques, & beaucoup de pierreries : toutes ces choses plaisent assez à vne Demoiselle de douze ans. Parmy tout cela je trouvay vn homme qui avoit toutes les qualitez qui sont necessaires aux autres, mais non pas celles qu'il faut avoir pour sa femme, puis qu'il n'avoit point d'amitié pour moy. Ma grande jeunesse m'empescha d'abord de

m'en

m'en apercevoir, & mesme de m'en soucier pendant quelques années; ensuite dequoy Monsieur d'Espernon se broüilla avec M. le Cardinal de Richelieu ; ceux qui ont esté favoris se soumettant rarement à ceux qui le sont : de sorte qu'il me fallut suivre la fortune de la maison où j'estois entrée, & me voir hors d'estat de profiter de celle de mon Oncle. Ie passay plusieurs années en Province aupres d'vn vieux beau-pere chagrin & melancolique, avec lequel je m'ennuyois fort. Apres sa mort je m'en allay trouver Monsieur son fils en Angleterre, où je ne fus pas mieux traitée de luy, qu'à l'ordinaire. Si j'avois voulu, à la mort de Monsieur d'Espernon, me prevaloir de l'occasion, j'estois maistresse de toutes choses; mais je suis si peu interessée que je ne m'en avisay pas, & j'avois si bonne opinion de Monsieur d'Espernon que je ne prevoyois pas en ce temps là qu'il en deût vser avec moy comme il a fait. I'oubliois à dire que s'il eust voulu se bien conduire avec Monsieur le Cardinal, les fantaisies de Monsieur son Pere n'eussent pas prévalu sur la consideration que mon Oncle avoit pour moy : mais aussi mon credit n'estoit pas assez grand pour reparer le tort qu'ils se faisoient par leur mauvaise conduite ; & celle que Monsieur mon mary avoit envers moy, ne luy estoit pas avantageuse. Ie pourrois dire beaucoup de choses sur ce sujet, mais il n'est pas à propos de

se loüer soy-mesme; il est bon seulement de laisser entendre que je n'ay pas manqué de pouvoir
à servir Monsieur d'Espernon, s'il y avoit contribué. La suite de sa conduite pour moy est vne
chose si connuë de tout le monde, qu'à moins
de vouloir faire vn manifeste en ma justification,
il est bon de n'en dire pas davantage. J'ay voulu
faire mon Portrait, & ayant dit ce qui m'a sem-
blé à propos, je diray encore vne fois seulement,
que j'ay moins de bon-heur que de merite, &
que la suite de ma vie n'a pas ressemblé à son
commencement.

PORTRAIT
DE
MONSIEVR
D'ANTRAGVES
ESCRIT PAR MADEMOISELLE.

OVS croyez peut-estre que les peintres de ce temps n'oseroient faire vostre Portrait, de peur de vous fâcher en vous faisant des cheveux gris; vous vous trompez fort, car dans vn temps où l'on est si hardy pour toutes choses, apparemment l'on ne vous craindra pas : toutefois pour vous flater vn peu, il n'est pas qu'il n'y ait quelque ancien tableau chez Ferdinand,

& l'on s'en servira pour y prendre quelques traits de vostre jeunesse, afin que les personnes qui vous ont vû de ce temps là vous puissent aussi bien connoistre, que ceux qui vous voyent presentement : je m'en va donc commencer.

Estant jeune, vous estiez bien fait, fort agreable & parfaitement galant : je ne sçay si vous estiez discret ; par la viuacité qui vous reste, l'on peut juger que vous estiez fort estourdy : je ne crois pas que vous en fussiez plus mal aupres des Dames, par ce que la qualité de coquette va souuent auec celle d'estourdie : ainsi le rapport de vostre humeur auec celle des personnes auec qui vous pouuiez faire amitié, estoit vne chose capable d'auancer promptement vos affaires. Ie crois que vous estiez liberal, & mesmes prodigue: ce qui est d'vn grand secours pour la galanterie; mais je ne sçay si estant jeune vous estiez aussi grand Seigneur que vous estes maintenant : rarement l'on a toutes les joyes ensemble, & c'en sont deux bien grandes, que d'estre jeune, & d'estre riche. Ie crois que vous estiez aussi broüillon & aussi querelleux, que vous estes maintenant pacifique; que vous auiez autant de querelles pour vous, & que vous en faisiez autant naistre par vos inventions entre les Dames, que vous en accordez maintenant entre les Messieurs, & que vous en appaisez dans les familles. Quant à la sincerité & à la bonne foy, elles sont nées auec vous ;

voſtre cœur eſt genereux,& voſtre ame auſſi noble que voſtre naiſſance. Il eſt meſme facile de ſe perſuader qu'en tout temps vous en auez donné des marques, & que vous auez toûjours eu pour vos amis des ſentimens auſſi tendres que je vous en vois, & vne auſſi grande cordialité que j'en trouve en vous par ma propre experience. Iamais amy n'a eſté ſi commode, & tous ceux qui ne ſont point les voſtres doivent regarder cela comme vn effet de leur malheureuſe deſtinée ; car il n'y eut jamais vn homme auſſi bon que vous. On connoiſtra bien, par ce que j'ay dit & par ce que je dois dire encore, que cette bonté eſt d'vne trempe & d'vne maniere, que l'on en doit aimer la loüange. En verité vn amy tel que vous, eſt vn treſor ; vous avez tout l'eſprit & toute la capacité qu'il faut pour donner des avis quand l'on vous en demande ; & toute la diſcretion poſſible,pour éviter d'en donner, quand on ne vous en demande pas, ce qui eſt vne choſe tresdelicate. Tous ſolides que ſont vos conſeils,vous les accompagnez de tant d'agrémens, que quand l'on n'auroit rien qui obligeaſt à vous en demander, je crois que l'on ſe feroit des affaires pour avoir le plaiſir de s'attirer de vos viſites, & de joüir de voſtre converſation : mais je craindrois que vous ne priſſiez pas le meſme plaiſir dans l'entretien des perſonnes que vous voyez le plus ſouvent ſans le deſſein de les ſervir, ou de leur faire office, chose à quoy vous estes toûjours disposé pour qui que ce soit. Vous auez vne gayeté dans l'humeur que l'âge ne vous a pas ostée, & qui corrige les defauts & le desagrément qui s'y rencontre presque toûjours, & que vous n'aurez jamais. Vostre esprit est encore galant, & cela paroist en tout ce que vous faites, mais d'vne maniere si conuenable à vostre âge, que les jeunes gens ne sçauroient y trouuer à redire : il est encore le plus vniuersel que je connoisse, car auez vous le matin accordé vne querelle, vous allez en suite voir des deuotes ; d'vn arbitrage vous passez chez les precieuses ; de la, chez des Dames plus coquettes ; & vous passez le soir auec des personnes qui ne sont ny coquettes ny precieuses, & encore moins deuotes. Apparemment vous ne passez pas moins bien vostre temps auec ces personnes là, car vous raillez auec elles de toutes les autres. Vous direz peut-estre que vous leur croyez faire plaisir ; mais je vous assure que vous vous en faites bien à vous-mesme. Entre nous, vostre inclination est vn peu mocqueuse, ce seroit trop de dire médisante. On pourroit s'imaginer que vos chagrins domestiques, qui vous sont sensibles auec raison, pourroient vous rendre fâcheux à vous mesme & aux autres ; mais personne ne s'en aperçoit : cela marque assez que les ames nobles & bonnes, comme la vostre, ont vne force que les ames communes n'ont pas dans les grandes occasions : c'est assurement vn effet de la prouidence de Dieu sur vous; mais je ne crois pas que ce soit l'effet de vos prieres, car je ne les crois pas assez feruentes pour l'auoir meritée, non plus que par vostre conduite passée, & encore moins par la presente, puis-que, comme je l'ay dit, vous n'estes pas changé en beaucoup de choses par les années; mais comme la prudence donne de certaines mesures conuenables à l'estat où vous estes, elle vous fait prendre aussi sur la deuotion de certaines regles pour le dehors, que je souhaite que vous ayez dans le cœur, lors qu'elles vous seront necessaires. Ie pense qu'apres auoir si souuent publié les obligations que je vous ay, je ne puis mieux les reconnoistre qu'en vous faisant ce souhait.

PORTRAIT D'AMARANTE,

ESCRIT PAR MADEMOISELLE.

PRES auoir fait quelques Portraits differens en leur maniere, mais semblables en ce qu'ils ont beaucoup plus de radoucy que d'ombres, j'ay crû que la varieté en seroit plus agreable, si j'en faisois vn d'vne peinture vn peu plus forte, & où il me fallût moins flater la personne que je voudrois depeindre. Il m'a semblé pour cela que je ne pouuois prendre vn meilleur sujet que celuy que j'ay choisi, & que je ne pouuois trouuer vne personne qui s'en souciât moins, puis-que sa conduite montre sans cesse tout ce que

que j'en va dire. Elle ne m'a priée ny de parler d'elle, ny de m'en taire, car elle n'est pas icy; mais je suis assurée que si elle y estoit, elle trouueroit tres bon ce que je va faire, & que tout ce que je pourray dire d'elle luy plaira, pourueu que je la peigne dans son naturel ; puisqu'elle est persuadée qu'il est si beau qu'elle ne connoist point pour des defauts ce que les autres pourroient appeller ainsi.

Elle a beaucoup d'esprit, elle l'a plaisant & agreable au dernier point, fournissant toûjours à la conuersation, & ne tarissant point de raillerie sur quelque sujet que ce puisse estre, s'en faisant mesme lors qu'il ne s'en presente point deuant elle. La pluspart du temps ce n'est que sur des bagatelles, & cela n'est soustenu d'aucune solidité: ce qui doit faire admirer la beauté de son naturel. Elle n'a nulle science qu'a bastons rompus, cependant elle parle de toutes choses, & les cite aussi effrontément que si elle en auoit vne grande connoissance. Elle ne juge pas bien des vers & des jolies choses, & elle n'a nulle delicatesse dans l'esprit. Elle écrit mal, mesme en raillerie ; elle n'y reüssit pas si bien qu'en conuersation. Ie ne sçay comment elle a appris toutes les opinions des Philosophes sur l'immortalité de l'ame, elle en parle fort bien ; mais cette superficie de science ne luy sert qu'a establir dans son esprit des maximes peu Chrestiennes, & elle

M

ne peut s'empefcher d'en donner quelque-fois des marques en converfation. Sur la prudence, fur la regle de fa vie & de fon ménage qui en font des dependances, elle en fait des leçons admirables qu'elle ne met nullement en pratique. Ses yeux font fort beaux, fa bouche & fes dents belles, fon teint de mefme, & les couleurs en font quelque-fois tres vives, mais fon déreglement à manger & à dormir le ternit fouvent. Elle a la gorge & les mains belles. Elle eft haute, mais fes efpaules le font auffi; de forte que fa taille n'eft pas fort agreable, & fon embonpoint fait qu'elle ne la pas tout a fait aifée. Elle a mauvaife grace, danfe mal, & à vn certain air gauche a tout ce qu'elle fait: & a tout prendre, c'eft vne des belles perfonnes de ce temps. Pour fes cheveux, ils font chaftain-clair; mais ils font fi meflez pour l'ordinaire qu'à peine en difcerne-t'on la couleur. Elle n'aime rien que fa perfonne, & neantmoins elle eft toûjours negligée & mal-propre au dernier point. Elle prefume fort de fa beauté, & elle a quelque raifon; mais où elle n'en à point, c'eft qu'elle croit eftre plus belle que tout ce qu'il y à au monde, ne fonge qu'a paroiftre telle, & auec cela eft toûjours, comme j'ay dit, dans la derniere mal-propreté. Quand elle a des habits magnifiques, ils font defaffortis; elle a du linge fale, & le brocart va fouvent auec vn mouchoir vny, & vn de point de Venise auec vn habit de droguet. Il luy prend des saillies de devotion ; lors qu'elle les a, elle voudroit qu'il y eust des Chartreuses en France, ne trouvant rien dans les autres Convens d'assez austere, pour estre proportionné à son zele. Elle fait des Sermons auec vne éloquence admirable, porte à l'extrêmité la penitence que l'on doit faire, & est quasi preste dans ces momens d'en faire vne publique si elle trouvoit sous ses mains vn sac & vn cilice. Ie crois mesme qu'elle commande qu'on luy en fasse ; mais dans le temps qu'on y travaille la deuotion disparoist, & elle se reuest du vieil homme. On aime rarement sa beauté au point que j'ay dit qu'elle aime la sienne, sans estre bien aise que les autres en disent quelque chose ; mais elle a l'humeur plutost coquette que galante, car dans la galanterie il y doit auoir beaucoup plus de politesse qu'elle n'en fait paroistre ; & la signification de ce mot est bien generale, puisque des personnes du monde les plus éloignées de l'amour & de la coqueterie, l'on peut dire quelque-fois qu'elles ont l'esprit galant. Ie l'ay vû mesme appliquer à vne grande Princesse qui auoit bien de la vertu, & qui a mené vne vie qui va jusques à l'opinion de la sainteté ; c'est de l'Infante Isabelle de la maison d'Austriche qui a si long temps si dignement regné dans la Flandre : on ne parle jamais d'elle qu'on ne la loüe d'avoir eu dans l'esprit cette agreable qualité. Ce n'est pas de ce tour là qu'est galant l'esprit de la Dame que ie depeins : elle aime les fleurettes & les adorations, l'encens luy plaist, & je pense qu'elle est comme ceux à qui l'on en donne dans les villages, qui pourveu qu'ils en ayent, ne se soucient pas si c'est du Curé, ou du Bedeau. Enfin cela part plutost à dire le vray d'vne legereté qui l'emporte apres les choses frivoles, que d'vne ame qui auroit de l'inclination au mal, car asseurément dans le fonds elle est sage ; mais cela joint avec cette prudence dont j'ay parlé fait bien discourir le monde. Il y a des momens dans lesquels si on luy fait des reprimandes, elle les reçoit bien, elle pleure ; luy passe t'il vne mouche deuant le nez, elle rit. Elle aime le monde, & le monde ne l'aime pas ; car bien qu'elle ait de l'esprit, de la beauté & de la jeunesse, le trop grand desir qu'elle a de plaire déplaist, & éloigne les galans. Son humeur railleuse la fait haïr des femmes : elle est glorieuse sans sçavoir pourquoy, & sur cela elle a des haut & bas que l'on ne sçauroit expliquer. Elle n'a point de discernement pour les gens ; tout luy est bon, & elle ne s'ennuye de rien, ny avec personne. Elle est extraordinairement paresseuse ; elle n'aime aucun exercice : enfin c'est vn naturel des plus extraordinaires du monde : nuls égards, nuls soins dans sa famille, ne se soucie d'y estre ny bien ny mal; de mefme pour fes amis: & apres tout cela on l'ayme qu'and on l'a void. Elle voudroit bien par fois eftre intrigante, mais elle n'a pas affez de conduite ny de fecret. Elle aime la Mufique, elle s'y connoift; fçait affez bien vivre à la Cour, comme y ayant toujours efté nourrie. Ie penfe qu'en voila dit affez de bien & de mal pour s'en taire.

PORTRAIT

DE MONSIEVR GVILLOYRE
SECRETAIRE DES COMMANDEMENS DE MADEMOISELLE,

ESCRIT PAR ELLE MESME,

A PARIS, LE TROISIESME IVILLET M. DC. LVIII.

ELAS, que les gens qui tirent au billet sont heureux! car le pis qui leur puisse arriver est vne chose à quoy ils s'attendent, & s'y attendant ils s'y preparent. Pour moy je ne suis pas ainsi; quelque menace que l'on m'ayt faite qu'on feroit mon Portrait si je ne le voulois faire moy-mesme, je n'ay jamais crû que qui que ce soit se voulust donner cette peine: ainsi n'ayant rien préveu je ne me suis preparé à rien, & c'est pourquoy je n'ay autre chose à dire sinon qu'il faut obeyr: Dieu soit avec nous.

PORTRAITS.

Ie suis aussi petit pour homme que Mademoiselle de Vandy pour femme : tout ce que je crains dans cette comparaison, c'est de me trop loüer apres ce qui a esté dit d'elle dans son Portrait. I'ay les cheveux noirs, assez clairs ; le visage en dehors ; le nez grand, & la bouche de mesme : je montre fort mes dents que je n'ay pas laides, & MADEMOISELLE dit toûjours que j'affecte cela comme vne Dame qu'elle connoist, mais je n'ay garde de me comparer à cette personne comme à Mademoiselle de Vandy, par ce qu'elle n'est pas si agreable à MADEMOISELLE. I'ay les yeux noirs & brillans comme la mine, elle est fort affable & tout le monde s'en loüe. Ie suis cordial & sincere au dernier point. Iamais homme ne fut si bon amy; je n'ay rien à moy, & cela est si veritable que j'ay souvent trouvé de mes amis qui ont vsé de mon bien comme du leur, tant ils se sont peu mis en peine de me rendre ce que je leur ay presté. Ie ne juge jamais mal de personne : & ce qui fait que j'ay si bonne opinion des autres est la bonne intention que j'ay en toutes choses, qui fait que je juge d'autruy par moy mesme ; je commence neantmoins à croire que je reviendray de cette opinion, non par ma seule experience, car elle n'auroit pas esté capable de me détromper, mais par celle des autres personnes que je frequente à qui je défere tout, tant par ce qu'ils appuyent leur advis sur leur experience, que par le respect que j'ay pour les conseils qu'il leur plaist de me donner : & ce respect est non seulement en moy par le devoir, mais par toute la reconnoissance, & par toute l'inclination imaginable fondée sur le propre merite. Ie suis l'homme du monde le plus desinteressé, & ma conduite passée le peut prouver, comme tous ceux qui m'ont connu dans tous les emplois que j'ay eus le peuvent dire, & je crois que ceux à qui j'auray affaire à l'avenir pourront témoigner la mesme chose. Ie suis attaché au dernier point où je le suis. Ie suis fidelle à toute épreuve. Ie suis assez capable en ma profession, & je suis tout propre à le devenir tous les jours davantage, car j'écoute volontiers les avis que l'on me donne : on m'oblige de me reprendre, & de m'apprendre les choses que je ne sçay pas. Ie suis actif, assidu à mon devoir. Ie n'aime aucun plaisir, & je n'ay que celuy de faire des visites; quand je m'en prive ce m'est vne peine, & l'on me fait la guerre que ce m'est vne si grande habitude, que je ne m'en soucie que par cette raison : mesmes qu'il m'est indiferent de trouver, ou de ne trouver pas ceux que je va chercher. On me tourmente encore sur ce que je suis devot, & l'on a coustume de dire que je crains plus le Diable, que je n'ayme Dieu. On tire cette consequence de ce que j'aime les Moines & leurs livres:

PORTRAITS. 97

livres : la verité eft que j'ay le fond de l'ame pour moy-mefme, comme j'ay dit que je l'avois pour mes amis ; ainfi je ne fais pas contre moy pis que je ne ferois contre les autres. Ie fuis charitable, & je fuis à vne Princeffe qui l'eft affez pour me faire venir ce fentiment quand je ne l'aurois pas ; & bien que j'execute tous fes commandemens avec ioye, j'avoüe que lors qu'il s'agit des charitez, je m'acquitte de fes ordres avec vne diligence que je n'ay pas pour toute autre chofe. I'allois autrefois aux hofpitaux & aux prifons ; les fermons, les vefpres & le Salut m'eftoient plus frequens qu'ils ne me le font prefentement : mais j'ay toûjours oüi dire que lors qu'on fait fon devoir c'eft quitter Dieu pour Dieu, & ainfi je n'ay nul fcrupule de ce changement. Ie ne fuis point vindicatif; je ne hais perfonne; pour peu qu'on me témoigne d'amitié ou de bonne volonté, j'y fuis fenfible au dernier point ; je fuis colere & la colere me rend promt, mais ces promptitudes durent peu, comme ce qui les fait naiftre ; ma taille le marque, car les petites gens font d'ordinaire dépiteux,& la couleur de mon vifage y refpond,puis qu'elle eft affez vive pour l'ordinaire. Les amis que je me fuis faits en Allemagne difent que j'eftois galant en ce pays là, mais ceux qui ne m'ont connu que depuis mon retour le croiront mal-aifément; & pour ne les pas démentir, je n'en

N

diray rien. I'aime les enfans & les chiens au dernier point ; & je me joüe avec les derniers comme pourroit faire la premiere espece des petites bestes que je viens de nommer. Ie n'aime point le jeu hors celuy du triquetrac, où je joüe peu ayant d'autres occupations plus solides, & plus necessaires. Me voila à bout de tout ce que je sens en moy, & de tout ce que j'estimois capable de servir à ma peinture : le cœur me bat de l'évenement de ce Portrait, car je l'ay fait à mon fort grand regret, & je n'ay pas eu peu de peine à m'y resoudre.

PORTRAIT

DE MADEMOISELLE DE SAVMAISE

SOVS LE NOM D'IRIS,

ESCRIT PAR MADAME DE BREGIS,

A PARIS, AV MOIS DE IVILLET M. DC. LVIII.

E dépit d'avoir vû chez vous vn si mauvais Portrait de la jeune Iris me fait plus entreprendre que je ne pourray peut-estre executer, en vous en ayant promis vn meilleur de ma main ; mais en tout cas, Madame, vous n'avez pas dû vous promettre vn fort bon tableau, puisque vous avez desiré que ce fust mon ouvrage, & je ne vous le donne aussi que pour marque de ma complaisance, & non pas pour marque de mon esprit.

Pour commencer donc la representation d'Iris,

je vous diray que sa taille n'est ny grande ny petite, que ses cheveux ne sont point d'vne couleur choquante, & qu'enfin ils ne sont que ce qu'il faut qu'ils soient pour luy donner beaucoup de blancheur, que sa jeunesse rend fort vive. Ses yeux sont bleus & assez doux; sa bouche est incarnate; son nez assez bien fait; sa gorge de belle forme, & fort blanche; ses bras & ses mains de la couleur de sa gorge. C'est à peu pres la personne d'Iris, dont l'esprit est penetrant & judicieux; cela est aidé de beaucoup de choses dont elle a esté soigneusement instruite, & que sa retenuë empesche de montrer avec empressement, estant née aussi sage que les autres le peuvent devenir, & agissant de maniere à se faire reconnoistre pour fille de son admirable pere. Pour son humeur elle est promte, & vn peu fiere; mais la premiere de ces choses ne l'a jamais portée jusques à fâcher personne, & la seconde ne luy sert qu'à prendre plus de soin de se rendre parfaite. Elle est genereuse & sensible pour ses amis, elle leur est fidelle; ses actions sont sinceres, & ses resolutions constantes; elle est douce & civile, mais sans galanterie, par ce que elle s'y trouve si naturellement opposée qu'elle se deffend mesmes les choses permises. Elle n'a jamais desiré les divertissemens, mais elle les prend de peur d'estre incommode aux

PORTRAITS.

perſonnes avec qui elle ſe trouve. Elle ſe croit moins aimable qu'elle ne l'eſt en effet : elle mépriſe la beauté, comme les avantages qu'elle peut apporter : elle n'eſt point capable des foibleſſes des perſonnes de ſon âge. Mille choſes échapent encore à mon pinceau qui ſont dignes de loüange dans Iris, de maniere que je ſuis obligée de prier ceux qui verront la copie que j'ay faite d'elle, de ne s'y point arreſter, & de prendre plus de ſoin de connoiſtre Iris, que ſa modeſtie ne luy en fera prendre de ſe montrer.

PORTRAIT
DE MADAME LA COMTESSE

DE BRIENNE LA MERE,
ESCRIT A PARIS LE SIXIESME DE IVILLET M. DC. LVIII.

PAR MADEMOISELLE.

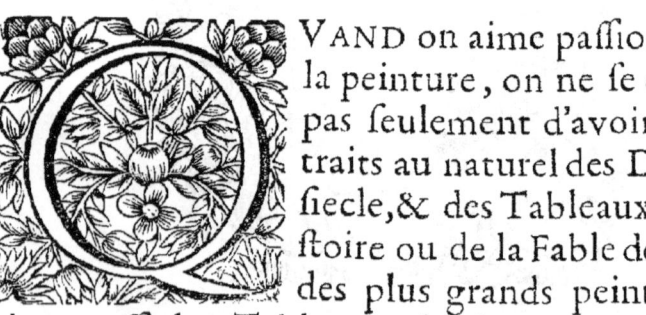QVAND on aime paſſionnément la peinture, on ne ſe contente pas ſeulement d'avoir les Portraits au naturel des Dames du ſiecle, & des Tableaux de l'Hiſtoire ou de la Fable de la main des plus grands peintres; on aime auſſi les Tableaux de devotion, puiſqu'il eſt neceſſaire, quand on veut parer les Palais, que les Chapelles & les Oratoires ayent leurs ornemens auſſi bien que les Galeries. Mais comme

PORTRAITS.

ces lieux ne fouffrent point d'autres Images que des Saints ou des Saintes, foit des fiecles paffez ou des modernes, & que c'eft du moins fous leur reprefentation que l'on y peint quelque-fois des perfonnes profanes, dont la vie donne fouvent peu de fujet d'efperer qu'elles fuivront leur exemple. On ne s'eftonnera pas quand on connoiftra la Dame dont je veux parler, que j'efpere que quelque jour fon portrait fera mis dans nos Eglifes, non fous vn autre nom que le fien, ou fous la figure d'vne autre, mais en fon veritable original, & en fa vraye reffemblance, comme l'ayant merité par fa vie tout-a-fait exemplaire.

Ie fçay que vous avez efté fort belle eftant jeune, & vous en avez encores d'affez beaux reftes pour le faire croire, & pour faire connoiftre par la regularité de vos traits & par leur agrément, qu'avant la petite verole vous voyiez peu de perfonnes plus aimables que vous. Ie penfe que vous aviez auffi la taille fort belle, puifque vous eftes encores affez menuë, & qu'on peut juger que vous ne vous eftes courbée, qu'à force de vous eftre mife à genoux & d'avoir baifé la terre. Si j'ofois, je dirois que les haires & les cilices y peuvent avoir part; mais j'aurois crainte d'eftre eftranglée, car voftre humilité aura peine à le fouffrir, & le trop grand excez dans lequel elle eft en vous eft tout propre à vous en faire faire

d'autres. Quant à la charité, il n'y a que les sourds qui n'en ayent pas entendu parler, & il n'y a que les muets qui s'en taisent : toute-fois pourveu qu'ils ayent des yeux ils en ont quelque connoissance, car l'on ne sçauroit aller nulle part que l'on n'en voye des marques. Vous ne vous contentez pas de conserver les temples vivans de IesusChrist par la grande quantité de pauvres que vous nourrissez, vous luy en edifiez tous les jours. Il n'y a point quasi d'eglise neuve, ou que vous n'ayez fait bastir, ou dans laquelle vous n'ayez des chapelles. Tout le monde sçait assez le soin que vous avez de visiter les hospitaux, les prisons, & les pauvres honteux. L'on sçait aussi combien vous avez fait mettre de Demoiselles à la Madeleine qui se trouvoient bien mieux au Marais, & combien vous leur estes redoutable. Iamais General d'armée n'alla à l'assaut plus courageusement que vous, quand il est question de la conversion d'vne ame. Lors que vous estes en repos, c'est à dire hors le temps de vos oraisons & de vos prieres, vous vous occupez à travailler, ou pour faire des chemises aux pauvres, ou des paremens aux autels. Vous pourriez aisément faire tout ce que je viens de dire, sans avoir autant d'esprit que vous en avez; mais vostre esprit est aussi bien fait qu'il se peut, & vous l'avez tout a fait agreable. La devotion n'en retranche que la raillerie à quoy vous estes
portée

portée aussi naturellement qu'à la charité, quoy que ce soient deux choses assez contraires; mais le grand abandonnement que vous avez pour l'vne vous retient de l'autre, & asseurement vous y avez eu quelque peine. Vostre conversation est solide & agreable, vous estes née pour le monde & pour vous en faire aimer; vous le sçavez mieux connoistre que personne; vous avez le mesme talent pour la Cour, & cela ne peut pas surprendre ceux qui sçavent comme moy que vous venez de personnes à qui on la faisoit. Vous avez dans le cœur & dans l'ame toute la bonté possible, toute la grandeur de courage que l'on y peut avoir, & la devotion n'empesche pas que vous ne sentiez ce que vous estes, quoy que souvent vous n'en vouliez rien faire paroistre. Comme vous estes éclairée & curieuse, & que d'ordinaire les esprits qui le sont donnent dans les nouveautez, vous auriez tout l'air de les suivre dans la devotion, ne pouvant plus le faire dans les modes; mais d'vn autre costé vous estes assez prudente & assez politique pour vous en retirer promtement, si cela n'estoit pas à propos : il vous seroit plus pardonnable qu'aux autres ; vous en avez vn exemple domestique, puisqu'vn grand Saint * de vos parens, qui a esté vn grand personnage dans l'Eglise a bien donné dans vne nouueauté qui a empesché sa canonisation. Ie

* S. Pierre de Luxembourg.

m'en suis souvenuë assez à propos ; car si je ne me trompe on en fait aujourd'huy la feste. Ie voudrois avoir si bien reüssi à vostre Portrait, que l'on peust dire à bon jour bonne œuvre.

PORTRAIT

DE MADAME DE MONGLAT,

ESCRIT A PARIS, AV MOIS DE IVILLET M. DC. LVIII.

PAR MADEMOISELLE.

E croirois manquer à l'amitié que j'ay toûjours euë pour vous & pour toute voſtre maiſon, & à la reconnoiſſance que je dois à l'affection que toute voſtre famille & vous m'avez toûjours témoignée, ſi je ne vous en laiſſois cette marque, de donner voſtre Portrait au public. Tous ceux qui vous connoiſſent ont toûjours trouvé en vous beaucoup de bonnes qualitez : mais peut-eſtre n'y connoiſſent ils pas comme moy tout le bien qu'on en doit dire. Pour le mieux faire paroiſtre, & pour le mieux perſuader, je diray meſmes juſques aux choſes qui ne ſont pas les meilleures

en vous, de crainte que si je ne temperois vn peu les loüanges qui vous sont duës, je ne donnasse sujet à la posterité de douter que vous en eussiez autant merité, qu'on vous en doit quand on vous veut faire justice.

Vous estes née dans vn Palais enchanté, car rien n'est plus beau que Cheverny : la beauté du pays, celle de la maison, des jardins & des canaux ne donne pas vne moindre idée que celle de l'Isle d'Alcine, ou du Palais d'Apolidon. Quand je me represente comme vous y estiez servie, & que vous estiez plutost traitée comme la maistresse, que comme la fille de la maison, il me semble que je puis aussi vous comparer à la belle Grimanese dans l'Isle-ferme, puisque vous estiez auprés d'vn pere qui ne songeoit pas moins à vostre divertissement, qu'Apolidon faisoit à celuy de cette Reyne : il aimoit les plaisirs autant pour vous que pour luy mesme : il avoit vne troupe de Comediens, vne bande de violons, & vne musique excellente; & avec cela lire les Romans comme vous faisiez, c'est assez pour faire croire que vous ne vous estimiez gueres moins Princesse que Madame Oriane la fille du bon Roy Lisuart. Lors que vous arrivastes icy vous regardastes vn peu le monde de cet air là, ce qui fut cause que vostre procedé ne plût pas, car hors cela vous estiez fort jolie, vous aviez le teint beau & vif, la bouche agreable, les plus belles dents qu'on puiſſe avoir, le nez vn peu retrouſſé, mais d'vne maniere qui ne vous ſied pas mal, les yeux noirs, les cheveux bruns, mais en la plus grande quantité du monde; vous aviez la gorge belle comme vous l'avez encore; mais comme on la montroit de ce temps là, & que l'on porte des mouchoirs à cette heure, on parle avec plus de plaiſir de ce qu'on a vû, que de ce qu'on ne void pas; c'eſt pourquoy j'ay dit, vous aviez. Vous aviez donc auſſi des bras qui s'appellent faits au tour, des mains admirables, & le plus beau coude que j'aye jamais vû, car jamais perſonne n'a eu je crois la peau ſi vnie & ſi belle que vous l'avez en cet endroit: cela ne doit pas eſtonner; vous avez la plus delicate blancheur qu'on ait jamais veüe, hors le teint qui eſt vn peu brouïllé preſentement. Vous aviez la taille la plus aiſée & la plus jolie du monde; mais la graiſſe la renduë vn peu groſſiere. Cet air imperieux qui ne plaiſoit pas eſtoit ſuivy d'vn procedé qui eſtoit de meſme: vous n'entendiez pas volontiers raillerie, l'on a eu peine à vous y accouſtumer, mais graces à Dieu vous en eſtes venuë à bout, & perſonne ne vous peut connoiſtre ſans dire que vous eſtes la meilleure femme du monde. Cela venoit de voſtre education, & que vous eſtiez toûjours acouſtumée à entendre dire, plaiſt-il maiſtre; & comme on n'en vſe pas ainſi à la Cour, meſme auec ceux qui font nés pour commander aux autres, vous paroiſſiez eſtonnée de ne plus trouver cette obeïſſance qui vous avoit ſemblé ſi douce. Vous eſtes civile, & vous avez apris ce qui s'appelle la ſcience du monde, ou ſçavoir vivre. Vous ne manquez à aucun devoir envers ceux à qui vous en devez ; & vous reprendriez aſſez volontiers ceux qui y manquent. Vous n'eſtes point médiſante : vous excuſez facilement les autres, vous eſtes bonne amie : & il ſeroit à ſouhaiter que l'on vous rendiſt autant de juſtice que vous en rendez à chacun. Vous chantez bien & agreablement. Vous faites des vers, & vous vous y connoiſſez ; vous avez beaucoup leu, & cela vous a acquis quelque ſcience dont vous vous ſervez à propos dans la converſation. Il n'y a point de gens raiſonnables qui ne vous reçoivent auec joye dans la leur : vous ne la troublez jamais, & vous la ſçavez rendre meilleure quand vous voulez : vous aimez les plaiſirs au dernier point, & l'on peut dire de vous, que vous aimez autant à vivre que vous ſçavez gouter la vie. Vous aimez fort la bonne chere, & on la fait grande chez vous, & avec beaucoup de politeſſe : vous aimez toute ſorte de muſique, & vous vous y connoiſſez bien, de meſme qu'à la peinture & aux baſtimens. Vous eſtes magnifique en de certaines choſes ; aſſez reſeruée en d'autres, & mal reglée dans vos affaires, non pas manque de capacité, mais d'application. Vous aimez le jeu, & n'estes pas belle joüeuse, vous disputez, & vous estes supersticieuse &, inquiette, car sur le bonheur, ou sur le malheur vous fatiguez fort & ceux qui joüent avec vous, & ceux qui vous regardent. Comme vous estes tendre pour vos amis, quand vous croyez qu'ils ne font pas de mesme pour vous, vous estes tres sujette à bouder; & cela seroit assez propre à vous attirer des démelez avec eux quand ils ne sont pas assez raisonnables pour penetrer dans vostre intention qui n'est jamais que bonne. Ainsi quand il vous en arrive, il faut plutost leur en attribuer la faute, qu'à vous. Vous estes promte & vous revenez aussi-tost : vous raillez de bonne grace; & je connois des personnes dont vous ne sçauriez vous passer de faire voir le ridicule, & qui par consequent sont nées pour vous réjoüir, quoy que souvent elles vous ennuyent. Vous estes quelque-fois chagrine, quoy que vous soyez tres heureuse dans vostre domestique, ayant vn mary qui vit fort bien avec vous : mais vostre chagrin vient de ce que vous n'estes pas toûjours en fort bonne santé. Vous dansez bien, & je vous ay vû autant de disposition, que vous avez presentement de paresse : vous aimez vos aises au dernier point : vous n'avez nulle complaisance ; quoy que vous fassiez tout ce que vous pouvez pour perſuader que vous n'en manquez pas, j'ay découvert que c'eſt pour en attirer des autres. Pour peu qu'on vous ait hantée vous ne trouvez pas de duppes; vous ſeriez propre à l'eſtre de bien des gens, car vous eſtes fort ſincere, & peu le ſont preſentement.

PORTRAIT
DE MADAME DE PONTAC,
PREMIERE PRESIDENTE
DE BORDEAVX,
DE LA MAISON DE THOV,
FAIT PAR ELLE MESME.

Ie fais mon Portrait moy-mefme, le fujet ne meritant pas d'eftre touché d'vne meilleure main que la mienne. Ce n'eft pas que je ne duffe beaucoup aprehender que ce ne foit vne grande temerité aprés ce que j'ay vû; mais comme il n'eft pas poffible d'imiter les Dieux, & que je ne pretens pas à cette gloire, je me contente de celle de leur obeïr.

Ie fuis de ces perfonnes de qui il n'y a ny grand bien ny grand mal à dire, eftant dans la mediocrité pour toutes chofes; ma taille eft de ce rang; je l'ay euë autre-fois agreable, mais ma negligence me l'a vn peu changée. Ie suis blanche & blonde, les yeux bleus que l'on dit que j'ay assez beaux, le nez grand & aquilin, la bouche petite, & qui seroit belle si elle estoit incarnate, de belles dents, le bas du visage bien fait, le tour qui ne déplaist pas quoy qu'il soit vn peu long. Tout cela ensemble fait la physionomie d'vne personne sage & spirituelle. Ie pourrois dire quelque chose de mes bras & de mes mains, mais je crois qu'il vaut mieux n'en point parler. Ie ne sçay si je me trompe, mais j'ay toûjours crû avoir de l'esprit, & l'ame grande & belle, & que si j'estois dans le grand monde j'y aurois peut-estre reüssi : je suis mesmes assez heureuse pour qu'on en soit persuadé, & pour avoir merité l'estime de tous ceux à qui j'ay pris soin de plaire. Ie suis née avec vne passion violente pour les livres, je la tiens de mes Peres qui se sont rendus illustres par là : il se trouvera peu de femmes qui ayent plus lû que moy ; cela me donne vne connoissance presque vniverselle de toutes choses, mais particulierement de l'histoire à laquelle je me suis fort attachée. I'avoüe non seulement que je n'ay pas haï les Romans, mais que je les ay cherement aimez, & qu'ils ont fait tout le divertissement de ma jeunesse ; je m'en suis toute-fois retirée à l'âge de vint ans, mais je confesse aussi que c'est le plus grand sacrifice que j'aye jamais fait, car je les aime encore : l'on peut juger par ma conduite si j'en ay fait vn trop mauvais vsage. Ie suis bien obligée à Dieu de m'avoir fait les inclinations conformes à mon devoir, car je suis naturellement passionnée, ce qui me donnera à combattre toute ma vie ce que ie ne pourrois vaincre sans le secours de la pieté & de la devotion, à laquelle j'ay toûjours esté portée, & qui a esté mon secours & ma consolation dans tous les malheurs de ma vie, qui m'ont fait esprouver tout ce que l'amour, la hayne & la douleur ont de plus fort. Le grand pouvoir que ces passions ont sur moy, & ce qu'elles m'ont fait souffrir m'en ont enfin guerie, & j'ose dire qu'elles m'ont mise en vne assiette où auec la grace de Dieu je ne les crains plus gueres. Il n'y a personne qui estime plus l'humilité que moy, & qui la pratique moins, estant glorieuse naturellement; dont j'aurois beaucoup de honte, en ayant si peu de sujet, si ce n'estoit que l'orgueil est vn deffaut qui m'humilie malgré moy. I'ay le dernier respect pour tout ce qu'on appelle vertu; celle qui est heroïque me touche jusques au fond de l'ame, & ie ne puis m'empescher de luy porter envie. I'ay toûjours crû que nous avions en nous mesmes nostre plus grande felicité, & qu'elle consiste pluftost à meriter les choses qu'à les posseder; c'est pourquoy je ne me suis jamais affligée d'auoir peu de fortune, mais bien d'avoir peu de vertu & de merite. Ie n'aime le bien que pour l'employer, car la defpence me plairoit affez; c'eft ce qui fait que je l'eftime comme vne chofe neceffaire, & que je me fervirois volontiers des moyens innocens & honeftes qui m'en pourroient donner. Ie ne crois point que la liberalité foit la vertu d'vn particulier; je voudrois la pratiquer fous le nom de la charité, où il y a moins de vanité & plus de merite. Ie ne fuis point touchée de tous les plaifirs : je n'aime que les bois, les peintures, & les meubles, pourueu qu'ils ne foient pas trop magnifiques ; car quand j'aurois tous les biens du monde, je ne voudrois pas l'eftre: il me femble qu'il n'appartient qu'aux grands, & que c'eft les prophaner que de les mettre à noftre vfage. Ie ne puis refifter à la raifon, ny m'empefcher de la fuivre par tout où je la vois ; j'en fuis quelquefois bien fâchée, car ie me voudrois flater & je ne fçaurois. Ie fuis colere & impatiente, mais c'eft fans fiel & fans malice, & pluftoft par vne certaine viuacité & promtitude naturelle qui ne me peut pas donner le temps qui eft neceffaire aux chofes. Ie ne m'ennuye jamais. J'aime la folitude & le filence, quoy que ie parle affez. Ie ne puis fouffrir l'injuftice. J'ay vne horrible auerfion pour la cruauté & l'oppreffion ; peut-eftre que c'eft parce que ce qui m'eftoit le plus cher y de-

PORTRAITS.

uoit eftre expofé, ou bien c'eft que je fuis pitoyable. Il eft vray que je compatis infiniment à toutes les perfonnes affligées, & fens bien fouvent leurs maux comme les miens propres. Ie ne crois pas que l'on puiffe eftre heureufe toute feule, & je ne le voudrois pas eftre. Ie prens grand plaifir d'obliger & de fervir toutes fortes de gens. Si j'avois du pouvoir je ferois bien-faifante. I'aime à donner & à recevoir : je trouve autant de plaifir à l'vn qu'à l'autre, & que l'amitié fe conferue par là. I'aime tendrement ma maifon & mes parens : il me femble que ce doiuent eftre nos premiers amis, & que lors qu'on les peut trouuer dans fa famille, on à tort de les chercher ailleurs : quoy quils puiffent faire, ils ne me fçauroient perdre. Ie me pique d'vn fort grand fecret m'eftant éprouuée là deffus, & je puis dire que j'ay fceu & que l'on m'a conté en ma vie beaucoup de chofes importantes. Ie ne fuis point fine ; je crois que c'eft par ce que je hais fort la fourbe & le menfonge, & qu'il s'en faut fervir pour l'eftre. I'ay le plus grand plaifir du monde à loüer les bonnes actions, n'eftant point fujette à l'envie, fi ce n'eft pour la vertu. Ie fuis toute perfuadée que je fuis vn fort mauvais peintre, & que je viens de faire vn méchant Portrait, qui ne merite point d'eftre vû de celle qui le doit voir ; mais puis qu'elle me l'a commandé, &

que je ne le fais que pour luy plaire, ſi j'eſtois ſi heureuſe que de la pouvoir divertir vn moment, je tiendrois ma peine bien employée, car je n'ay pretendu que cela.

PORTRAIT
DE MADAME DE CHOISY,
SOVS LE NOM DE PHILIS,

PAR MADAME LA COMTESSE DE BREGIS.

HILIS, puisque les Lettres & les Portraits sont les seuls remedes à l'absence, j'attendray le premier de vous, & le second je me le donne ; car voyant que les peintres ne veulent pas me promettre vostre tableau avant vostre depart, pressée du desir de l'avoir, je me suis resoluë de le faire moy-mesme, & de vous l'envoyer. Iugez donc si vous le trouverez assez reconnoissable pour consentir qu'vne peinture où l'art & la science n'ont rien contribué soit mis à la ruelle de mon lict, comme vn ouvrage où ma seule amitié à conduit mon pinceau.

Philis n'est ny grande ny petite, ses cheveux sont de ces beaux noirs d'ebene, son teint est plus vny que les glaces où elle se mire, ses

yeux sont petits & bruns, mais si vifs qu'ils se font sentir & penetrent bien avant, sa bouche est petite, son nez est grand mais de belle forme, & celle de son visage de la plus agreable ovale du monde. De tout cela se compose vn air qui ne laissera jamais aux plus grandes beautez vn cœur dont Philis auroit envie. Son esprit est si charmant qu'il n'est point de conversation qui ne languisse sans elle. Philis parle bien de toutes choses, & parlant beaucoup ne parle jamais assez pour ceux qui l'écoutent : dans tout ce qu'elle dit, se trouve certaine grace naturelle & inimitable à l'art, ce qui rend Philis vn ornement dont la perte dans les lieux qui ne l'ont pas, ne peut estre reparée par nulle autre chose. Son humeur est genereuse ; elle met au rang de ses plaisirs l'occasion d'obliger ses amis. Elle a bonne opinion d'elle mesme, mais elle la moindre que les personnes qui luy rendront justice. Philis ne paroist jamais dans les lieux que pour en bannir le chagrin, & voyant comme il luy cede la place & il disparoist devant elle, il semble que Philis fait au monde ce qu'Iris fait au Ciel, qui ne s'y montre que pour marque que le jour s'en va devenir agreable, & que ce qu'elle a devant soy de fâcheux se va changer en joye, & c'est ce que promet la presence & la conversation de Philis qui chasse des esprits, les plus
espais

espais nuages, tant elle les occupe agreablement. Telle est Philis & plus aimable encore que ce que j'ay escrit d'vne personne dont jamais il n'y aura de bonnes copies, & dont l'original est asseurément vne chose de prix.

Q

DIVERS

PORTRAIT
DE LINDAMOR

ESCRIT PAR MADAME LA COMTESSE D'ESCHE.

OVS me furprenez au dernier point de me demander le Portrait d'vne perfonne que vous devriez affez connoiftre par voftre propre experience, fans m'obliger à vous en faire la peinture ; mais comme je ne vous fçaurois rien refufer, je m'y refous par ce que vous le voulez, & que je crois ne me pas tromper dans la connoiffance que j'en ay. Au refte ne vous imaginez pas que j'employe en ce tableau toutes les vives couleurs dont l'eloquence embellit fes ouvrages ; je n'ay point de talens pour cela, & je fuis encore perfuadée qu'il eft difficile de s'en fervir, & de de-

meurer dans les juftes bornes de la verité. Ainfi je me contenteray de vous fatisfaire & je ne chercheray point d'autre gloire que celle-là.

Ie me pourrois bien exemter de vous dépeindre fa perfonne, mais je trouve qu'il eft en quelque façon neceffaire, par ce que fa phyfionomie à quelque chofe qui découvre affez fon humeur. Sa taille pour n'eftre pas des plus grandes ne laiffe pas d'eftre aifée, quoy que dans la verité elle n'ayt rien de fort relevé. Il a les cheveux cours & bruns; les yeux de mefme couleur, mais vn peu enfoncez; la bouche grande; la peau bazanée; l'air fier, melancolique & inquiet; & l'on diroit à le voir qu'il a toutes les affaires de la Chreftienté à débroüiller : il eft neantmoins nonchalant & pareffeux, & cette habitude de fon temperament a efté contagieufe. Pour fon cœur, tous les mouvemens en font tiédes; le fang ny le merite n'ont pû y faire naiftre vne amitié veritablement eftablie : ce n'eft pas qu'il ne donne affez aux apparences, & qu'il ne faffe toutes les démarches d'vn bon amy; mais la verité eft qu'il n'en a point, où il s'agit de l'intereft pour petit qu'il foit : mais fi l'amitié & la tendreffe font languiffantes dans fon cœur, il n'en eft pas plus tranquille; il eft tyrannifé par les trois plus violentes paffions que la morale nous propofe : l'ambition, la jaloufie & la colere l'ont toûjours poffedé; & il femble que fa mauvaife destinée l'ayt voulu ainsi pour l'empescher d'estre heureux, quoy qu'asſurément la fortune ayt fait pour luy plus que raisonnablement il ne devoit esperer : mais comme l'ambition est insatiable en luy, & qu'il ne se contenteroit pas d'vn Royaume, il se plaint de la fortune, comme si elle n'avoit jamais rien fait pour luy. Elle ne s'est neantmoins pas contentée de luy donner la faveur d'vn grand Roy, & de l'eslever aux plus belles dignitez, elle luy a donné vne femme d'vn sang illustre, d'vne vertu exemplaire,& qui possede asſurément milles charmes & mille agrémens en sa personne. Ne croyez pas pour cela qu'il en soit plus heureux, puisque la jalousie & ses injustes soupçons luy donnent des inquietudes continuelles, & ce chagrin excite aisément sa colere dans son domestique. Avec tous ces troubles interieurs il ne laiſſe pas de persuader qu'il joüit d'vne fort grande tranquillité: il veut mesme qu'on croye qu'il l'a tire de la pureté de sa conscience. Ses entretiens ne sont remplis que de devotion : il consulte son Confeſſeur sur les moindres evenemens, quoy qu'il ne suive presque jamais ses avis. Avec toutes ces belles apparences, il ne fait aucun effort pour vaincre ses mauvaises habitudes: il n'a pû encore parvenir à voir sans envie ceux qui sont au deſſus de luy, & à regarder sans mépris ceux que la fortune luy a soumis: il s'est mesme estably en contrôleur general de la conduite de toutes les femmes : il regle les connoiffances de la fienne felon l'opinion qu'il a de la vertu de celles qui la voyent; il condamne jufques aux plus innocens plaifirs, & s'eft mis en tefte qu'vne honnefte femme ne doit point avoir qu'à prier Dieu, ou à conduire fa maifon.

Voila ce que je connois de fon humeur; & je crois qu'il n'y a rien à y adjouter, du moins pour ce qui eft venu à ma connoiffance.

DIVERS

PORTRAIT
DE MADAME LA MARQVISE
DE MAVNY,
FAIT PAR ELLE MESME.

VISQVE c'eſt la mode de faire ſon Portrait, il faut que je faſſe le mien comme les autres. Ce n'eſt pas que je ne prenne mal mon temps, & que mes indiſpoſitions ne m'ayent preſentement vn peu defigurée: mais comme il n'y a pas apparence d'embellir apres trente ans, je vay vous dire comme je ſuis faite.

Ie ſuis plus grande que petite. Dans mon ordinaire je ne ſuis ny graſſe ny maigre, mais preſentement je me puis vanter d'eſtre ſéche comme du bois, & cela me rendroit horrible, ſi je n'avois naturellement les os fort petits. Le teint est ma plus grande beauté; mais la petite verole m'ayant fait quelques legeres marques, il n'est plus si vny, & tout ce qu'il a d'agreable c'est le coloris. Mes yeux font de mediocre grandeur, doux & brillans, mais sujets a estre battus. J'ay le nez bien fait quand je suis dans mon embompoint, mais presentement vn peu trop long. Ma bouche n'est ny petite ny grande, mais elle est façonnée & de belle couleur quand je me porte bien. Ma delicatesse & les mouvemens de mon esprit m'ont renduë si journaliere, qu'il y a des temps que je suis tout a fait mal, & des quarts-d'heures que je suis belle : mais comme le temps que je suis en beauté est le plus court, avecque raison je ne m'en pique plus ; & tout ce que je prétens est qu'on die seulement de moy que si je suis fort changée, on s'estonne que je ne la sois davantage. Ie n'aimerois pas que l'on s'écriast, comme elle est faite ! car sur ce ton là on me feroit dépit. Mes cheveux sont chastains, épais & bien plantez. Mes dents sont saines, mais pas trop bien rangées, sans pourtant faire de mauvais effets, car je les montre peu. Ma gorge n'est pas belle, mais, comme j'ay déja dit, mes os sont si delicats qu'il n'y en a point qui la défigurent ; la peau en est blanche ; mes bras sont ronds, & mes mains bien taillées, mais la graisse leur manque aussi bien qu'à ma gorge ;

ce qui eſt cauſe que ſi je n'y prens peine, l'air de mon habillement n'eſt pas bon. Puiſque les autres ont parlé de leur jambe, je diray donc que la mienne eſt belle : je me pourrois loüer encore d'autre choſe que l'on ne verra pas pour me dementir, mais puiſque l'on n'a pas paſſé plus avant, voila tout ce que je diray de mon corps.

I'ay l'eſprit vif & penetrant, & cette penetration eſt cauſe que je ne tombe pas dans des fautes à quoy ſont ordinairement ſujettes les perſonnes qui ont du feu, par ce que je vois aſſez où les choſes peuvent aller : cela me fait penſer à moy, & j'en parois plus dans les grandes occaſions que dans les petites : c'eſt vne marque que la promptitude m'eſt naturelle, & que je n'ay de la patience que par précaution. Ie ſuis fort glorieuſe, mais aſſez habile pour n'avoir jamais fait d'action qui ait donné ſujet de m'accuſer de l'eſtre, en ayant toûjours fort craint les pourquoy : & comme je ne trouve que la Duché qui donne vn rang agreable, n'ayant pas eu d'eſperance d'y parvenir depuis que je ſuis mariée, le plus, ou le moins au deſſous de cela ne m'a jamais touché le cœur ; par ce que ces petites diſtinctions que nous font les grands venant ſouvent de leur caprice, ſi elles font plaiſir vn jour, elles mettent au deſeſpoir quand elles viennent à manquer.

I'ay

PORTRAITS.

J'ay toûjours souhaitté de faire envie, & j'ay plutost esté en estat de faire pitié : ce n'a esté qu'à ceux qui me connoissent particulierement, car parmy les autres gens, passant pour railleuse, je crois que l'on dit quand je souffre, c'est bien fait. Cependant je ne merite pas que l'on ait ce sentiment pour moy, car je suis bonne, & ne suis point medisante. Ie connois assez l'interieur des gens, & je crois que cela me cause vne partie de mes maux, car lors qu'ils veulent dissimuler ils n'y gaignent rien : & comme je leur reproche ce qu'ils ont dans l'ame, ils me rendent par quelque mensonge le dépit que je leur ay fait en disant la verité. Vous me direz que puisque je m'aperçois de ce qui me fait le mal, je dévrois l'éviter ; mais je vous respondray, qu'icy le plaisir passe la peine. J'aime à joüer par ce que la societé me plaist, & sur tout lors qu'elle est choisie. Le jeu a encore cela de bon que quand il fauorise les gens, il donne lieu à de petites dépences superfluës, mais agreables, & que l'on ne feroit pas sans luy : car quelque revenu que l'on ait, je tiens qu'il le faut dépenser tout entier aux choses necessaires, & ne point aller au delà. Si j'en avois six fois au tant que j'en ay, je dépenserois six fois plus que je ne fais. J'aime que le peu que je donne soit sans qu'on me le demande. Ie hais tous les plaisirs qui fatiguent, comme la chasse, les veilles, & sur tout le bal, par ce que je n'ay pas trop bien dansé. La Comedie me plaist fort. Ie ne m'ennuye pas trop dans vn lieu solitaire; mais je voudrois qu'il fust à mon choix de le quitter quand il me plairoit. Si j'estois dans le monde je n'y donnerois que cinq ou six heures le jour, & j'aimerois mieux y estre moins que trop. Ma coustume est d'employer sans discontinuation vne partie de mon temps à rendre ce que je dois à Dieu, n'y estant pas assez attachée pour en perdre l'habitude & la reprendre sans peine. Ie suis bien aise de passer quelques heures du jour à penser à moy, & à donner l'ordre dans ma maison : j'aimerois qu'elle fust propre, & mon train poly, & que ma table fust assez bonne pour y avoir deux ou trois personnes comme moy sans façon, & jamais au delà. Ie plains l'argent à la profusion du manger; j'aime à le mettre en meubles; & je me piquerois volontiers de joüer beau jeu, & de mieux payer que ceux qui ont plus de bien que moy. Ie passerois avec plaisir six mois à la campagne; mais il faudroit, comme j'ay dit, estre seure du retour pendant ce temps là. I'irois volontiers faire quelque sejour chez mes amies, pourveu qu'elles fussent ravies de m'avoir, car sans cela elles ne tiendroient rien. I'ay le don de m'apercevoir admirablement comme je suis avec les gens, & si ce n'est pas comme je souhaite, je m'en retire sans m'en expliquer davantage avec eux : je crois assez aisément que c'est à leur dam; ainsi je ne leur en veux point de mal, mais je les laisse tres promtement là; & l'vne de mes plus cruelles peines est de demeurer vn instant dans vne compagnie où je connois que l'on ne me veut point. I'ay eu la mine galante sans l'estre; mon air gay est spirituel, & fait croire que j'y avois quelque pente, mais la suite en doit avoir détrompé, car quelque ordre qu'on y ait mis, on auroit vû quelque estincelle de ce feu; il se seroit conté de moy quelques historiettes; & je sçay bien qu'il ne s'en debite pas où j'aye contribué. Ie me persuade difficilement que les hommes ayent autant d'amour qu'ils disent : j'en ay beaucoup pour moy-mesme : cela joint à celuy que j'ay pour l'honneur, a esté cause que je me suis assez moquée toute ma vie de leurs minoderies. Ie ne suis point façonniere; cela n'empesche pas que les jolies façons ne me plaisent aux autres, mais elles ne me conviennent point : enfin quoy que j'aye beaucoup de vivacité, les plaisirs tranquilles sont les miens; & comme celuy de l'amour ne l'est pas, je croy que cette raison à beaucoup contribué encore à m'en dégouster. I'aime le repos dans mon domestique; j'aime à y raisonner, & à faire les choses de concert : Dieu m'a servie à souhait de ce costé là, comme chacun sçait. Ie pardonne aisément les injures. Ie fuis quelque temps ceux qui me les ont faites de peur des éclaircissemens, &

des difputes que je hais fort : mais apres quelque temps, cela fe paffe. La converfation dans vn beau lieu, bien à fon aife, avec cinq ou fix perfonnes bien fpirituelles, bonnes, & qui font du beau monde, fait ma veritable joye. Ie crains fort de m'encanailler. Ie n'ay jamais eu d'habitude avec perfonne pour qui j'aye eu beaucoup d'empreffement : je l'aurois voulu avec telles gens qui ne m'auroient pas peut-eftre affez regalée ; & je n'en aurois point voulu avec telles autres qui en auroient defiré avec moy. Ie ne fuis pas trop aimée des petites gens, & je n'ay point l'efprit vetilleux ; cela fait que ce monde là me croit fuffifante, mais c'eft que je n'ay point apris à parler leur langue, car ce n'eft pas là où je mets ma gloire : fi je difois à quoy je l'eftablis, ce feroit plutoft faire icy vne confeffion qu'vn Portrait ; & voilà tout ce que je veux mettre au mien, afin de ne luy donner que le quart-d'heure que je viens d'employer à le faire,

PORTRAITS.

PORTRAIT
DE MADAME LA COMTESSE
DE BRIENNE LA FILLE,
FAIT PAR ELLE MESME.

OVTES les perſonnes de mon ſexe ſont naturellement envieuſes des loüanges qu'on donne aux autres, ſoit par le deſir de s'en attirer de mieux fondées & de ternir la gloire de celles qui ſe les ont acquiſes avant elles, ſoit qu'elles ſe ſentent en effet trop de merite pour ſe laiſſer former vn exemplé, ſans y rencherir en l'imitant. Ie ne ſcais pas ſi je ſuis de celles dont je parle ; mais il eſt tres vray que je ne me ſuis engagée à faire mon Portrait, outre l'obeïſſance que je dois au commandement que vous m'en avez fait, que

par ce que je n'ay pû souffrir que l'on die, il y a seulement vne ou deux Dames dans le monde qui sachent leur langue, & qui se puissent assez bien connoistre pour descrire leur personne au naturel. Apres l'aveu que je viens de faire, vous ne sçauriez douter que je ne parle avec ingenuité des bonnes & mauvaises qualitez de mon corps & de mon ame.

Ie suis assez bien faite comme on peut voir; & quoy que je ne sois pas des plus grandes, j'ay la taille bien proportionnée; mes yeux sont assez beaux, mais peut-estre pas si doux qu'ils seroient en vne autre, par ce que je ne sçais ce que c'est que de les conduire avec affectation. Ma bouche n'est pas des plus petites, & n'est pourtant pas desagreable; mes lévres sont vermeilles, & mes dents assez bien rangées; j'ay le nez grand, sans estre difforme; le teint fin & delicat, & fort peu alteré de la derniere disgrace qui luy est arrivée; le coloris vif; le tour du visage assez beau, & naturellement vn embompoint honneste : quant à l'vn & à l'autre, ma mauvaise santé n'y a point fait de tort; ma gorge & mes bras sont blancs, & n'ont rien de remarquable; mon air est bon, & ma grace ne peut estre mauvaise, quoy qu'on die, malgré ma trop grande negligence. Il est extraordinaire & presque incroyable qu'estant jeune comme je suis, j'aye si peu d'afféterie, &

d'attachement à ma perſonne: mais mon eſprit dont je n'ay point encore parlé, & dont je ne manque pas, eſt ſi éloigné des ſentimens qu'ont toutes celles de mon âge, & ſi inſenſible à leur plaiſirs, que ce ſoit vn defaut ou non, je ſuis incorrigible ſur ce point. Ie ne ſuis point gaye, ny extrêmement melancolique; j'aime le monde non pas en general, mais ce qui s'appelle le monde choiſi: les converſations des gens ſçavans me plaiſent: je me connois bien en beaux eſprits, en ceux qui ſont galans & polis, & qui ſçavent bien vivre, & diſtingue fort bien ceux qui ſont obſcurs & peſans. I'ay vn peu eſtudié, & ſçaurois plus que je ne ſçais ſi j'avois voulu m'apliquer. Comme j'avois vn particulier talent pour apprendre, je n'ayme pas aſſez la lecture, ayant vne auſſi heureuſe memoire que j'ay: ce n'eſt pas que je ne gouſte les bons livres, & que je n'aye connoiſſance de quelques vns; mais je ſuis trop pareſſeuſe pour entreprendre quelque choſe qui me geſne. I'écris paſſablement, & d'vn ſtyle fort aiſé: je peins bien pour vne femme, & ſçais mieux l'orthographe qu'elles ne la ſçavent d'ordinaire. Ie parle peu & ſuis fort froide, ſi ce n'eſt avec les gens avec qui je ſuis libre. Ie ne ſuis pas trop careſſante, ny accablante de civilité; mon principal but eſt de plaire à quelques gens raiſonnables, & de ne me mettre gueres en peine ſi les autres s'accommodent de moy ou non : j'ay peu d'amis & n'en voudrois pas avoir davantage, car je ne pourrois pas eſtre de celles qui partagent ſi aiſément leur cœur, & ſont avec tout cela regulieres dans les devoirs d'amitié. Quand j'ayme, & que je ſuis perſuadée qu'on m'ayme, j'ayme fort tendrement ; & quoy qu'il y ayt quelques gens qni en doutent à cauſe de mon humeur languiſſante, il eſt certain que ces gens là me connoiſſent mal, & que je ſuis attachée à mes amis autant qu'on ſçauroit l'eſtre. Ie ſuis franche & bonne, & point diſſimulée. Ie ſuis vn peu railleuſe, mais non pas médiſante. Il ne m'arrive gueres d'offenſer perſonne que je n'en aye ſujet. I'ay de l'ambition & de la vraye gloire, mais plus pour les gens à qui je ſuis attachée, que pour moy-meſme. I'ay l'ame fiere, & difficilement la puis-je captiver pour les perſonnes à qui je dois du reſpect : ce n'eſt pas que je ne ſois circonſpecte & fort reconnoiſſante, & que je vouluſſe manquer de regularité. Ie me pique d'vne parfaite honneſteté ; je n'ay jamais compris aucuns attraits qui emportent les autres. Ie crains Dieu & n'aprehende point d'eſtre ſurpriſe à donner des rendez-vous en des lieux Saincts. Ie ſuis heureuſe, par ce que je ſçais me ſatisfaire de ma condition; & ſi je ſuis à plaindre en quelque choſe, c'eſt de ne pouvoir éviter

les

les maux qu'elle engage de souffrir. Voila, Madame, ce que vous avez desiré de moy: si c'eust esté quelque chose de plus difficile à executer, & de plus agreable, vous auriez esté servie tout de mesme, & aussi à point nommé.

S

DIVERS

PORTRAIT
DE MADAME LA DVCHESSE
DE VITRY,
FAIT PAR ELLE MESME,

Pour satisfaire à Madame la Marquise de Mauny, à qui elle l'adresse.

APRES avoir lû le Portrait d'vne aussi grande Princesse que celuy que je viens de lire, dont la perfection est achevée, & se fait admirer par la verité avec laquelle il est écrit, il faut estre bien hardie pour vouloir en mettre vn au jour d'vne mal-heureuse solitaire comme moy, dont la fortune ny la vie n'ont rien d'assez agrea-

ble pour vous faire paffer vn quart-d'heure avec quelque forte de plaifir; mais pour plaire à ma chere Coufine, il n'y a rien que je ne faffe : la feule grace que je luy demande, c'eft d'en plaindre les deffauts & le méchant ftyle toute feule, fans en réjoüir le public qui n'eft pas d'ordinaire charitable. Ie devrois craindre vne perfonne comme vous qui avez autant de difcernement dans l'efprit que vous en avez, mais je m'en trouve tant, de vous avoir pour amie, que je ne crains rien, & commenceray promtement la defcription de mon humeur, la trouvant plus aimable que ma perfonne, eftant naturellement douce, fort gaye, liberale, fenfible à la joye, & beaucoup plus à la douleur, le chagrin faifant vne impreffion dans mon efprit qui ne fort qu'avec vne peine épouventable quand il me laiffe la liberté de m'expliquer. I'ay dans ma tefte de petites folies qui reüffiffent affez dans le monde que j'aime encore, mais beaucoup moins que je n'ay fait, m'accouftumant avec plaifir à la folitude qui entretient doucement mes réveries, à quoy mon inclination naturelle me porte. La plus grande fatisfaction que je puiffe fentir, c'eft d'obliger mes amis, & de faire connoiftre mon refpect aux perfonnes à qui j'en dois, & aufquelles je fuis ravie d'en rendre, ayant l'ame tendre & le procedé civil. Ie crains les démeflez & les éclairciſſemens, & n'en auray jamais d'vne volonté delibereé, quoy qu'on y ſoit contraint dans le grand monde dont la vie me fatigue, aimant mieux la paſſer à chercher les moyens de plaire aux perſonnes que j'aime, & dans des compagnies particulieres de gens choiſis à ma fantaiſie, & conſerver avec ſoin toute ma vie les meſmes ſentimens d'amitié pour les meſmes amies, eſtant bien aiſe de ne changer jamais que l'on ne m'y oblige, encore je veux leur inconſtance & leur méchanceté à n'en pouvoir douter, aimant mieux eſtre trompée que de tromper. Ie crains tout ce qui donne de la peine, eſtant aſſez delicate; mais je ſuis aiſément remiſe de tous mes maux, eſtant fort ſaine. J'aime à dormir, & fort peu à manger : je ne ſuis pas difficile à l'vn ny à l'autre, ſur tout à la bonne chere, ne m'y connoiſſant point, & ne craignant rien tant que les gens qui en font leur capital, & des plaiſirs de cette nature, n'ayant nulle application que pour les choſes agreables ou facheuſes qui arrivent, voulant chercher des remedes à toutes les affaires où je ſuis perſuadée qu'il y en a : celles là m'affligent moins que les autres, car tout ce qui n'a point de fin me donne le dernier chagrin; comme l'on a plus de fois ſujet d'en avoir, que l'on ne paroiſt ſouvent melancolique aux yeux du monde, qui juge ſur les aparences,

PORTRAITS.

qui font pour l'ordinaire quafi trompeufes toûjours. Ie ne fuis point medifante : je fuis curieufe & fecrette pour mes amis , & mefmes pour mes ennemis, ne trouvant rien de fi bas que l'infidelité de quelque nature qu'elle puiffe eftre, & en quelque occafion que ce foit. Pour les plaifirs, celuy qui me touche davantage,c'eft la danfe ; je danfe fort bien : j'aime fur toutes chofes la converfation de mes amis, car les gens du monde qui auroient le plus d'efprit, du moment que je fuis perfuadée qu'ils font critiques, & qu'ils n'ont point de bonté pour moy, il m'ennuye dans leur compagnie. I'ay averfion pour tout ce qui s'appelle contrainte; je crains fur tout les gens aigres : je cherche la complaifance fans aimer la flaterie. Ie fuis fiere quand on me veut méprifer, & ne me foumets pas aifément quand on veut les chofes de hauteur. Ie n'aime pas trop à parler ; ce que je dis eft tourné fur le pied d'vn enjoüement doux & brillant, mais j'écris mieux que je ne parle : mon efcriture eft lifible & n'eft point belle. Mon penchant naturel eft pour les gens de guerre , & particulierement pour ceux dont la valeur fe fait remarquer fans fe vanter. Ie ne refufe pas mon eftime aux gens de merite; mais j'ay de l'inclination pour fort peu de perfonnes. Ie fuis refoluë & complaifante : rien n'eft fi aifé que de bien vivre avec moy, mon humeur n'eſtant ny jalouſe ny intriguante, m'accommodant ſans façon à tout ce que je dois pour complaire aux perſonnes qui prennent intereſt à ma façon d'agir. Ie ne ſuis ny fine ny diſſimulée : j'aime l'ouvrage; ſur tout la peinture. Ie ſuis aſſez adroite à ce que je fais. Ie n'aime point le jeu, mais j'aime à me promener & monter à cheval; quoy que j'aime peu la chaſſe, tous les preparatifs m'en plaiſent, aimant tout ce qui a l'air grand & magnifique, quoy que je ne la ſois pas; mais c'eſt plutoſt raiſon qu'inclination qui m'empeſche de l'eſtre. Les affaires du domeſtique me fatiguent; je m'en remets volontiers ſur ceux qui en veulent prendre le ſoin, n'eſtant point intereſſée & me ſouciant meſme trop peu du bien, je voudrois retrancher tout ce qui ne paroiſt point, pour faire vne dépence dans l'ordre, & qui fuſt belle & agreable & faite à propos. Mon ambition eſt bornée: quoy que j'aye quelque raiſon d'eſtre contente de ma condition, bien des perſonnes s'ils eſtoient en ma place ſouhaitteroient vn plus grand eſtabliſſement; mais je feray toûjours conſiſter ma vraye felicité à paſſer vne vie dans vne ſocieté douce & tranquille. Ma vraye paſſion eſt pour les vers; mais particulierement pour ceux de tendreſſe. J'aime la muſique, mais ſur tout vne voix ſeule, & les violons particulierement. J'aime mediocrement la lecture ; je ne fuis point hardie ; & je fens bien que je dirois d'affez jolies chofes, fi j'ofois me hazarder de parler. J'ay de la memoire, accompagnée d'vn jugement qui s'accommode aux belles raifons du monde, plutoft qu'à vne prudence qui repugne trop à vne perfonne de mon âge, & de mon humeur. Ie me fie rarement ; mais du moment que j'ay de la confiance pour quelqu'vn, je n'ay plus aucune referve pour leur dire mes penfées. Il eft mal-aifé de me tromper, quand j'ay de l'averfion pour vne perfonne, & qu'elle m'a manqué : mais rien n'eft fi aifé que de le faire quand j'aime. Ie fuis reconnoiffante, mais je n'oublie le mal qu'on me fait que par ce que je fuis Chreftienne. Ie ne fuis pas devote, je fouhaitterois de l'eftre fans me donner la peine d'y travailler. Ie fuis negligente ; je n'aime pas à me plaindre par fierté, ne voulant pas faire pitié, quoy que je fois bien aife d'eftre plainte. J'ay l'efprit affez penetrant quand je veux m'appliquer, mais je ne le fais pas la plufpart du temps par mépris ou par indifference. Ma folie & mon talent naturel eft de contrefaire les mines & les façons des perfonnes que je vois fouvent. Ie m'habille d'vn air galant & propre, mais toûjours negligé. Mais c'eft affez parler de mon humeur, il eft temps de vous dépeindre .

vne figure fort ordinaire; ma taille l'eſt aſſez pour la grandeur, quoy que je ſois plutoſt grande que petite; ce ſera d'elle que je parleray avec le plus de ſoin, eſtant ce que j'ay de plus raiſonnable. Ie ſuis deliée, quoy que j'aye l'embompoint neceſſaire, je l'ay aiſée: mon air eſt libre, gay, doux & fier. Ma gorge eſt blanche, graſſe & bien faite: je peux dire que j'ay le cou beau (j'en dis vn mot, quoy qu'il ne fuſt pas neceſſaire, par ce que je l'aime particulierement.) Mes bras ſont beaux, & mes mains ſont douces & blanches comme les bras; mais elles ne ſont pas ſi fort dans mes bonnes graces. I'ay la jambe bien tournée, & le pied bien fait. Ie marche toûjours viſte & fort bien. La forme de mon viſage eſt ovale; j'en ay le tour agreable, il n'eſt pas gros; tous mes traits ſont aſſez delicats, hormis mon nez qui eſt gros. Ie ſuis blanche, & eſtois née avec vn teint que je puis dire admirable, mais la petite verole a ſervy mon malheureux deſtin à ſouhait; elle m'a pourtant laiſſé de belles joües, c'eſt vn échantillon & vn reſte de ſon deſordre; mon nez qui eſtoit déja laid a eſté achevé par cette avanture, jugez s'il eſt joly; il eſt aſſez relevé pour ſe faire voir de loin. Mes yeux ſont noirs, d'vne grandeur agreable, aſſez brillans, & furent ſouvent fripons. Ma bouche n'eſt ny grande ny petite, mes lévres ſont fort vnies, & tout a fait

rouges,

rouges, taillées d'vne maniere qui donne de l'agrément. Mes cheveux font chaftain clair, affez beaux; j'en ay beaucoup, & tous frifez à groffes boucles fans artifice. Mes dents ne font ny laides ny belles. Voila ma chere Coufine vn Portrait fort veritable, & peu touchant : ayez la bonté de le regarder avec autant de tendreffe que j'en auray toute ma vie pour voftre aimable original.

T.

PORTRAIT
DE CLORIS,

FAIT A FORGES, AV MOIS DE IVILLET M. DC. LVIII.

PAR MADEMOISELLE.

L est impossible de boire des eaux à la fontaine, & de ne se pas representer lors qu'on en est de retour les agreables apparitions que l'on y a: les idées en remplissent trop agreablement l'imagination pour ne pas donner envie d'en dire quelque chose. Ie pardonnerois aux graveleux & aux autres malades qui sentent beaucoup de douleur de ne songer qu'à leur mal, mais pour les bilieux, qui sont d'ordinaire gens d'esprit, & mesme les atrabilaires, ils sont assez capables de bien écrire, & de bien parler ; car bien que la bile fasse deux differens effets en ceux sur qui elle domine, obligeant les

vns à beaucoup parler, & les autres à garder le silence; neantmoins tous bilieux en general, ou frais, ou échauffez ont l'esprit bon, & l'on void plus d'honnestes gens de ce temperament là que de sots. J'ay vn interest particulier à m'interesser pour eux, puisque c'est ce qui m'oblige à venir icy : mais je crois que les eaux me feront meilleures cette année que les precedentes, par le plaisir que j'ay eu d'y voir Cloris ; & toutes les personnes qui l'a connoistront, le jugeront aisément.

Ie crois qu'il n'y a personne qui n'ayt vû de certaines peintures qui viennent de Flandres, où sur vne belle teste on applique des talques de differens habillemens, lesquels quoy que tout dissemblables, ne laissent pas de revenir à la teste, suivant le vieux Proverbe qui dit qu'à belles gens tout sied bien. Ainsi on ne s'estonnera pas si j'ay des pensées toutes differentes pour Cloris, & si je la fais voir icy de toutes sortes de manieres, puis que toutes luy siéront bien & conviendront à son air & à son procedé. Lors que Cloris paroist, elle brille comme vn Soleil oriental, à ce que disent ceux qui sont coustumiers de se trouver au lever de cet astre : pour moy je luy fais rarement ma cour à cette heure là. Tantost je me represente Cloris comme la Princesse Galatée lors qu'elle alloit en deshabiller à la Fontaine de la verité d'Amour, portant elle mesme son parasol, & n'estant accompagnée que du petit Meril, car Cloris a vn petit Laquais du moins aussi joly que luy. Pour elle, elle est de belle taille, non pas des plus grandes, aussi n'est elle pas des plus petites, mais bien des plus menuës. Elle a vn air particulier à tout ce qu'elle met; de sorte qu'elle est toûjours ajustée dans sa plus grande negligence; & l'on peut dire qu'elle a vne negligence affectée qui luy sied fort bien. Elle a de beaux cheueux blonds en grande quantité, & d'vne longueur prodigieuse, annelez & bouclez de la maniere que je viens de parler de son ajustement. Cloris est maigre, mais de maniere à luy embellir la taille, & non pas à nuire à son visage ny à sa gorge, non plus qu'à ses bras qu'elle a beaux. Ses mains sont belles, & gesticulent si joliment qu'elles expliquent souvent les choses qu'elle veut dire, lors qu'elle ne se veut pas donner la peine de parler. Ses yeux sont bleus, & ont vne douceur langoureuse qui vient de la delicatesse de son temperament, & qui luy sied fort bien. Sa bouche est petite, vermeille, façonnée & façonnante : mais comme l'vn est aussi naturel que l'autre, il est difficile d'en expliquer les agreémens à moins que de la voir. Elle a l'esprit delicat & vif. Elle se connoist aux jolies choses, aime les vers, en fait joliment, parle bien, juste & proprement ; mais tout cela quand il luy plaist, car c'est la personne du monde qui aime le moins à se communiquer, & qui est la plus reservée à parler, à moins que les gens luy plaisent : mais aussi quand on luy plaist elle se fait connoistre ; & quand on la connoist, elle réjoüit fort la compagnie. Elle a des chagrins qui procedent de son indisposition, qui s'appellent quelquefois bizarreries ; mais ses plus mauvais momens vallent mieux que les meilleurs de beaucoup d'autres. Elle chanteroit bien si elle avoit l'estomac bon, car elle a le ton de la voix doux, & d'vn son à en faire faire le jugement que j'en fais. Elle n'a aucune memoire, mais elle tourne ce defaut si galamment & dit des choses si plaisantes la dessus, qu'elle divertit plus que ne font tous les recits de ceux qui les font le plus agreablement. Elle est fort bonne amie, & aime avec autant de tendresse & de sincerité ses amis & ce qu'elle doit aimer, qu'il se peut ; mais elle aime sans contrainte & sans méfiance ; & en rendant justice aux autres, elle se la rend à elle mesme. J'oubliois à dire qu'elle parle Italien, au moins l'a-t-elle long temps apris ; mais, *Imparar & voler saper è lo stesso per lei.* Elle monte bien à cheval ; & quand elle va à la chasse avec son bonnet, avec force plumes & vn just'au-corps, il n'y a personne qui ne la prenne pour Diane. Elle est souvent accompagnée d'vne Demoiselle que l'on pourroit prendre pour vne Druide ; mais ce n'est pas de celles des Carnutes ; leur procedé eſtoit fort ſerieux, & le ſien eſt fort railleur : il eſt vtile pour la ſanté de Cloris qu'elle ſoit ainſi ; elle la ſoulage dans ſes maux en la faiſant rire de ſes plaiſanteries, car elle a toûjours en bouche le mot pour rire. Ie penſe qu'en voila aſſez dit pour vne perſonne qui doit avoir l'eſprit fort broüillé à force de boire des eaux fort ferrugineuſes.

PORTRAIT
DE MADAME LA DVCHESSE
DE S. SIMON,
FAIT PAR MADAME LA MARQVISE DE GAMACHES,
LE SEPTIESME IVILLET M. DC. LVIII.

OVR faire vn Portrait qui vous reſſemble, il faudroit vn eſprit plus eſlevé que le mien, car il eſt ſi difficile de bien démeſler toutes les contra ie-tez que je remarque en vous, qu'il ſeroit neceſſaire pour cela d'vn caractere tout par-ticulier. Il me ſemble pourtant que mon amitié m'éclaire, & qu'elle me fait découvrir des choſes qui ſeroient peut-eſtre au deſſus de ma connoiſſan-ce, ſi je vous aimois moins. Voſtre perſonne eſt à tout prendre & ſans vous flater, la plus aima-

ble qui fut jamais. Quoy que vous ne foyez pas grande, rien n'eſt mieux fait que vous. Les tailles les plus avantageuſes n'ont pas les agrémens qui ſe rencontrent en la voſtre ; & vous danſez mieux que toutes celles qui s'adonnent à cet exercice avec le plus d'art & de plaiſir. La blancheur de voſtre gorge & de vos bras ne cede point à la neige;& vos mains feroient fort belles, s'il ne vous avoit pas ſemblé bon d'en manger les ongles en voſtre enfance. Vos cheveux ſont ſi bien plantez qu'ils donnent vn agreable tour à voſtre coëffure, encore qu'elle ſoit preſque toûjours negligée. Ils ſont d'vn chaſtain ſi clair que l'on a de la peine à ne vous pas croire blonde ; & cette couleur qui vous eſt ſinguliere plaiſt fort aux plus connoiſſans. Voſtre teint eſt fin & blanc ; mais il eſt ſouvent broüillé par vos maladies, & vos yeux ſont auſſi ſouvent battus par la meſme cauſe, bien que vous les ayez naturellement doux & brillans. Voſtre bouche eſt agreable ; vos dents ſont belles, & vous avez le plus beau nez du monde. Tout cela eſt aſſemblé dans vn viſage plein, ſi frais, ſi jeune & ſi gay que ceux qui vous voyent trouvent ſans doute auſſi bien que moy que vous eſtes incomparable : mais voſtre eſprit à bien d'autres beautez ; c'eſt en luy que j'ay découvert ces aimables contraires. Il eſt grand & eſtendu, mais il eſt quelquefois ſi diſtrait

ſtrait par le grand nombre des choſes qui l'occupent, qu'il en paroiſt comme aſſoupy. Vous ſortez toutefois de cette diſtraction par vn enjoüement ſi divertiſſant, & vne gayeté ſi ſurprenante, qu'on ne vous connoiſt pas d'vn moment à l'autre, quoy que dans le fond vous ſoyez veritablement égale. Les chagrins domeſtiques qui vous tourmentent ſont ceux de voſtre mauvaiſe ſanté. Vous avez pris trop à cœur de ſuivre ponctuellement voſtre devoir; & cette exactitude vous fait ſuporter des choſes ſi dures, qu'elles font naiſtre les peines & les maux qui vous accablent. La vivacité de voſtre eſprit vous les fait vivement ſentir; mais l'exceſſive bonté de voſtre ame vous les fait ſupporter plus tranquillement qu'vne autre ne feroit; car vous eſtes ſi fort née pour la joye, que vous la trouvez toûjours en vous meſme. Vous eſtes douce & flateuſe. Vous aimez à ſervir vos amis aux grandes & petites choſes. Vous eſtes glorieuſe & civile. Vous eſtes franche, & pourtant quelque fois diſſimulée. Vous aimeriez que l'on connuſt le fond de voſtre cœur, mais vous trouvez ſi peu de gens qui en ſoient dignes, que je penſe que jamais vous n'y avez laiſſé penetrer perſonne. Vous eſtes galante & devote, & vous ne ſçauriez haïr ceux qui n'ont point commis d'autre crime envers vous, que celuy de vous trop aimer. Vous vous divertiffez dans les converfations tendres, mais voftre devotion vous donne de fi cruels retours, qu'elle trouble le plaifir que vous y prenez. Vous vous accouftumez facilement à toutes fortes d'efprits ; & bien que les plus polis vous plaifent davantage, la focieté de ceux qui le font moins ne vous fatigue pas tant, qu'elle le devroit faire. L'intrigue de la Cour vous plairoit affez : vous voyez bien que vous feriez capable de demefler les plus embroüillées, & l'on peut juger par l'éloquence qui vous eft naturelle, que vous pourriez penetrer dans la plus fine politique. Voftre ambition n'eft pas bornée par voftre fortune, quoy qu'elle foit des plus éclatantes. Il n'y a rien de grand fur la terre où vos defirs ne volent avec emportement, mais avec cela vous accommodez fi bien voftre humeur à la neceffité, que vous ne vous ennuyez pas à la campagne ; vous aimez à vous y promener : vous vous plaifez à la lecture : les vers vous amufent : vous vous divertiffez à travailler & à joüer quand on le veut: vous n'eftes jamais inutile, en forte que la rêverie mefme vous tient quelquefois lieu d'occupation. Il y a de certains momens que vous pafferiez aifément des plus grands plaifirs a vne mortification extrême : enfin Dieu & le Monde trouvent leur place dans voftre cœur ; & la complaifance que vous avez pour l'vn, ne vous fait rien faire qui offenſe l'autre. En vn mot vous eſtes tres-vniverſelle. Voila ma chere Ducheſſe ce que vous avez deſiré de moy. Ie ſouhaite que ce Tableau vous ſoit agreable; mais je ſouhaite ſur toutes choſes qu'il vous perſuade que je ne ſçaurois connoiſtre auſſi parfaitement que je fais combien vous eſtes aimable, ſans vous aimer tres-paſſionnément.

V 2

PORTRAIT
DE MADAME LA COMTESSE
DE MAVRE,
FAIT PAR MONSIEVR LE MARQVIS DE SOVRDIS
A MADEMOISELLE DE VANDY.

JE ne puis m'empefcher de vous témoigner que j'ay efté extrémement étonné de ne pas voir le Portrait de Madame la Comteffe de Maure parmy ceux qui ont efté faits depuis peu. Ie fçais que la difficulté du fujet eft capable d'arrefter ce deffein, mais l'excellence en doit donner envie, & il y a plaifir à dire comme le Cid,

Et pour mon coup d'effay je veux vn coup de maiftre;

N'eftant pas d'humeur à blafmer perfonne, je ne puis auffi excufer les peintres qui m'ont precedé, qu'en me perfuadant qu'ils m'ont refervé ce Portrait à faire, à caufe de quelque connoiffance qu'on me donne en cet art au deffus du commun.

PORTRAITS.

Ce n'eſtoit point la difficulté de peindre les traits du viſage d'Alexandre qui faiſoit qu'il n'eſtoit permis qu'à Apelle d'en faire le Portrait; mais c'eſt qu'Apelle eſtoit excellent en la connoiſſance de la phyſionomie, & que luy ſeul ſçavoit donner cet air heroïque qui marquoit les grandes & rares qualitez de l'ame d'Alexandre. Ie ne prétens pas entreprendre ce Portrait ſur ma ſuffiſance, que je connois eſtre fort mediocre, mais ſur quelque connoiſſance particuliere que j'ay de la phyſionomie, laquelle m'a donné moyen de remarquer en la perſonne de Madame la Comteſſe de Maure cet air heroïque qui faiſoit en l'ancienne Rome autant de Roys que de citoyens Romains : auſſi ſon extraction eſt elle de ce pays ſi fertile en grands perſonnages qu'ils ſervent encores à preſent dans toutes les parties du monde d'vn modelle de la vraye generoſité, & de toutes les autres vertus : & dans vn ſiecle dépourvû de ces ames extraordinaires, la fortune ſans doute nous a donné M. la Comteſſe de Maure, pour nous faire comprendre qu'vne ville qui ſe pouvoit vanter de porter ſi grande quantité de perſonnes heroïques eſtoit à juſte tiltre maiſtreſſe de tout le monde.

Pour ne pas tomber dans la faute de certains peintres qui commencent leurs ouvrages par les moindres parties, & qui reſeruent les principales pour la fin, je commenceray ma peinture par les qualitez de l'ame, qui ſont les plus excellentes parties, & qui ont toûjours eſté eſtimées telles par M. la Comteſſe de Maure, laquelle n'a conſideré ſon corps qu'autant qu'il a eſté neceſſaire pour exercer les fonctions de ſon ame, quoy qu'il ayt eſté toûjours admiré de tous ceux qui l'ont vû.

Sa generoſité ſeroit plus vniverſellement admirée ſi elle eſtoit moindre : mais le ſiecle eſt ſi éloigné de cette vertu, qu'il ne peut connoiſtre & admirer aſſez la perfection & le ſouverain degré ou celle de M. la Comteſſe de Maure eſt parvenuë. Sa liberalité a quelque-fois égalé celle des Souverains en la grandeur des dons, & les ſurpaſſe toûjours en la maniere de les diſtribuer, & au ſoin qu'elle prend de les cacher : ce qui eſt d'autant plus rare, que la liberalité eſt quaſi toûjours accompagnée de vanité, laquelle ſouvent meſme en eſt la cauſe.

Sa prudence a paru en tant de divers rencontres, & paroiſt ſi ordinairement, que l'on doit dire que ce n'eſt plus vne vertu en M. la Comteſſe de Maure, mais que c'eſt ſa nature propre ; & cela doit eſtre tenu pour vn miracle en vne perſonne qui a les ſentimens ſi vifs & ſi delicats, effets ordinaires d'vn temperament oppoſé à la prudence.

Sa pieté & ſa devotion n'eſt pas comme celle des autres femmes, fondée ſur la nourriture & ſur l'habitude ſeulement ; elle eſt confirmée par le bon sens & par vn raisonnement solide, qui establissent la veritable perfection chrestienne sans faste & sans superstition.

L'estenduë de son esprit paroist en la capacité qu'elle a aux choses grandes & serieuses, qui ne l'empeschent pas de s'appliquer aux mediocres, & mesme aux petites, lors que la compagnie l'oblige d'en parler; & cela est fort extraordinaire aux personnes de grand esprit, & principalement à celles de son sexe, qui méprisent souvent les choses mediocres, pour faire croire qu'elles ont vn grand esprit, bien qu'en effect il soit petit.

Sa bonté est à tel excez, qu'elle est pour tout le monde, excepté pour elle, qui ne se considere qu'autant qu'elle est vtile aux personnes qu'elle aime; elle entre tellement dans les sentimens de ses amis, qu'elle en est penetrée, & s'y transforme entierement.

Sa conduite en tout le cours de sa vie est la bonne & vraye marque de son jugement. Son imagination luy represente les especes de toutes choses si claires & si nettes, qu'elle juge comme les Anges en vn moment & par vn simple regard. Le don de discernement des choses, qui est le veritable fondement de la sagesse humaine, est en elle si juste & si exact, que ceux qui la connoissent, en sont dans vne admiration continuelle.

Ie ne puis mieux exprimer son sçavoir, qu'en disant qu'à l'extréme vivacité de son esprit elle a adjoufté vne lecture continuelle, & qu'elle a vne memoire fi heureufe, qu'elle n'a jamais oublié aucune chofe de ce qu'elle a lû en François, en Italien & en Efpagnol.

Sa facilité à bien écrire fur toutes fortes de fujets eft incroyable, & bien que la viteffe de fa plume ébloüiffe les yeux, elle ne peut neantmoins fuivre la promtitude des conceptions de fon efprit: la netteté & la politeffe de fon ftile feroient incomparables, fi Madame de Longueville n'avoit jamais écrit.

Il eft temps que je laiffe aux autres peintres à travailler fur ce qui eft de plus facile en leur art, qui eft la reprefentation des lineamens de fon vifage, pourveu que l'éclat ne les ébloüiffe pas. Ie diray feulement que la nature luy a donné vn corps digne de fon ame, & que j'ay vû la blancheur de fon teint effacer & ternir celle du fatin blanc & des Iafmins, dont elle portoit hardiment des guirlandes.

La nature qui ne peut faire aucune chofe parfaite, luy a donné vne fanté fi delicate, que ne pouvant avoir le repos fi neceffaire à la vie à fes heures ordinaires, elle eft obligée de le recevoir à celles qu'il veut venir, ce qui l'empefche de regler l'ordre de fa vie à celuy de la plus grande part des autres perfonnes: & on peut dire avec verité que Madame la Comteffe de Maure feroit vne perfonne parfaite, fi elle pouvoit, comme le refte du monde, s'affujettir aux horloges.

PORTRAIT

DE MADEMOISELLE CORNVEL,
SOVS LE NOM DE LA REYNE MARGVERITE,
PAR MONSIEVR DE VINEVIL,

Adreſſé à Monſieur le Duc de la Rochefoucaut.

QVELQVE divertiſſement que vous ayez en Province, je pretens vous faire vn grand plaiſir de vous rafraiſchir les idées de la Reyne voſtre maiſtreſſe par vn Portrait qui repreſentera au naturel ſes traits & ſes couleurs : & quoy qu'il y ait de la folie de vouloir vous illuminer ſur vn ſujet que vous connoiſſez parfaitement, je ſuis bien aiſe de vous monſtrer ſa peinture de ma façon, pourueu que vous me mandiez en confidence ſi j'ay heureuſement rencontré. Mais dés l'abord je me trouve fort embarraſſé, & mon imagination ne me fournit pas aſſez d'inventions pour bien mettre au jour cet air gay & enjoüé, vniverſellement reſpandu dans ſes diſcours & ſes actions, qui inſpirent de la joye à tous ceux qui la voyent, & vn violent deſir de l'aymer. Sa taille eſt dans vne juſte propor-

tion, ny trop grande ny trop petite; vn embompoint honneſte; le viſage d'vne forme agreable; le teint vif; & ſes yeux brillans, animez par tant d'eſprits vous couſtent aſſez cher pour en connoiſtre la vivacité. Ie ne ſçay ſi vous avez temperé les ardeurs que toutes ces beautez vous ont cauſées ſur vne bouche vermeille, vne bouche qui eſt le ſiege du ris & des graces, vne bouche qui dit ſi bien; mais vous l'avez dû faire. Pour le reſte de ſa perſonne, la modeſtie de mon pinceau m'arreſte en vn ſi beau chemin, & je le voile de ces draperies, telles qu'à quatre heures du matin on void l'Aurore avec Cephale. Enfin je laiſſe à vos yeux, ou à voſtre imagination de m'en faire vn Portrait fidele que vous m'envoyrez au premier ordinaire. Venons aux beautez de l'ame: ſincerité, honneur, fidelité, qui ſont de grands noms, ſont dans leur luſtre dans noſtre Reyne; mais avec tel excez, que les gens deffians la pourroient ſoupçonner de cacher du venim ſous de ſi belles apparences; car il eſt impoſſible qu'vne ſi belle creature, nourrie dans le monde le plus delicat, ſe ſoit conſervée dans vne ſi exacte probité. Comment les guidonneries, les impoſtures, les fourberies debitées par les plus honneſtes gens n'auront elles pû alterer vn ſi beau temperament? Tout au contraire elle a vû ces traits empoiſonnez, elle les a ſentis, elle en a eſté percée de part en part, & ſa generoſité luy a fait mépriser les armes qu'elle pouvoit manier avec adresse. En verité c'est vne personne d'vn merite extrême, & nous sommes heureux de vivre sous vne si juste domination. Ie ne crois pas que Merlusine, quoy que vous puissiez dire, la valust : & vous devez plus vous vanter de l'avoir pour vostre Reyne, que de descendre de cette Heroïne. Mais venons au grand chapitre d'amour, qui est vne mer orageuse, dans laquelle la plus part de nos Infantes font naufrage : celle-cy se laisse doucement conduire au fil de l'eau ; mais elle va peu au fond. Il y a pourtant des vagues & des tourbillons si impetueux qu'ils l'engloutiront malgré qu'elle en ait ; mais pour les Zephirs de Thierry, & les Aquilons de Grammont, l'on peut dire qu'autant en emporte le vent. Si on l'attaque, elle se deffend ; si on la presse, elle se retire : mais il y a de tels coups, portez par de telles gens, que l'on ne sçauroit parer, ny s'enfuir : & si par hazard elle les reçoit, c'est toûjours en son corps deffendant. Ce que je dis n'est pas historique, c'est vne pure speculation qui me fait encore soupçonner que vostre Reyne ne soit vn peu infidele ; & vous sçavez qu'vn peu d'infidelité est l'ombre la plus agreable que puisse avoir vn beau Portrait. A ce propos je vous diray en veritable serviteur que le printemps s'est assez bien passé pour vous ; vous devez encores estre content de l'esté ; mais garde pour l'automne, car nostre

Reyne, croit qu'à la cheute de feüilles tout tombera : prenez là deſſus vos meſures, & que cela ſoit dit en paſſant. Ie ne vous envoye que l'ébauche du Portrait : je vous prie d'y mettre la derniere main: adouciſſez & ajuſtez les traits à voſtre mode: cela doit eſtre reſervé à vn auſſi grand maiſtre que vous, qui connoiſſez les manieres differentes des beaux originaux: mais n'oubliez pas de parler du zele qu'elle a pour ſes amis, qui va juſques à la ſimplicité. Prenez garde auſſi que le remords ny la ſindereſe n'ont jamais bleſſé l'ame d'vne ſi brave Reyne. Traitez le chapitre de cette tranquilité naturelle, à ſe réjoüir de tout ce qu'elle void, & à communiquer auſſi agreablement ſa joye aux autres. Dites des merveilles de ſon bel eſprit : pour ſon cœur vous le devez connoiſtre, il eſt à vous; mais à la cheute des feüilles il n'y ſera plus, ſi vous ne venez icy.

PORTRAIT
DE MADAME LA COMTESSE D'OLONE,
PAR MONSIEVR DE VINEVIL.

'AY pensé, Madame, ne pas obeïr au commandement que vous m'avez fait de vous envoyer vostre Portrait, par ce que je ne me sentois ny assez d'esprit, ny assez d'imagination pour executer vn tel dessein; & mesme je trouvois que l'art avec toutes ses beautez estoit impuissant pour exprimer celles que la nature a pris plaisir de mettre en vostre personne. I'avois, Madame, encore vne autre petite raison qui vaut bien la peine que je vous la die; c'est qu'il me paroissoit qu'il estoit dangereux de penser si fort à vous pendant la Canicule, & que l'attachement que l'on a à vn Portrait deuenant vne violente passion pour l'original, vous repareriez mal les desordres que vous me pourriez causer. Avec tout cela l'on ne peut retenir le penchant naturel que l'on a pour tout ce qui vous touche, & vous agissiez d'vne maniere sur nos volontez, que l'on fait plus que l'on ne veut, & mesme plus que vous ne voulez. A la verité quels mi-

racles ne doit on pas attendre de ces traits divins, & de ces couleurs admirables dont l'on est d'abord éblouy en vous voyant? c'est assurément pour la blancheur & la viuacité de vostre teint que vous m'auez dit si souvent, *Poca grana y mucha nieue van compitiendo en su cara.* Y a t'il quelque chose d'impossible à ces yeux brillans qui penetrent tout? n'est-ce pas à la plus petite bouche du monde, & à ses environs, qu'il y a mille demons qui tendent des pieges à la vie, & à la liberté des humains? ce cou de marbre ne fait-il pas le mesme effect que le visage? & lors que vous estes lassée de nous regarder, vous nous presentez cet object qui a esté formé pour nous enchanter : mais la gorge luy peut disputer cet enchantement ; & s'il faut juger du reste par sa beauté, je m'imagine, & il n'y a rien de si vray, que la nature y a renfermé ses plus riches tresors, d'autant plus precieux qu'il n'y a point d'homme qui puisse se vanter que vous luy en ayez fait la moindre liberalité. C'est vn beau champ pour les vœux, & pour les desirs; mais il est dangereux de s'y arrester. La seule beauté de vos jambes attireroit de l'estonnement, si vostre taille qui est des plus grandes ne la partageoit. Enfin, Madame, toute vostre charmante personne respire vn air si noble & si piquant; vos manieres sont si agreables, qu'il n'y a point de cœur qui ne soit touché d'amour, de crainte & d'admiration. Voila ce que je puis dire sur vostre

PORTRATIS.

exterieur ; mais tout ce que je dis eſt infiniment au deſſous de tout ce que je penſe, & ma voix & ma penſée ſont encores plus éloignées de ce que vous voyez dans voſtre miroir. Venons à l'interieur ; & comme je pretens agir de bonne foy, vous trouverez vne exacte reſſemblance à vous-meſme, exemte de toute flaterie. Voſtre eſprit conçoit promtement, a le tour le plus galant du monde, & eſt plein de politeſſe. Vous penſez bien & juſtement ſur tout ce qui ſe dit ; & vous parlez avec facilité, & d'vne maniere noble & agreable. Vous avez beaucoup d'imagination ; mais vous ſuivez trop voſtre penſée, & vous vous refuſez les reflexions neceſſaires. Cette faculté imaginative que vous poſſedez, quand elle eſt reſtrainte dans la ſeule converſation, plaiſt au dernier point ; mais ſi vous l'eſtendez au dela, il eſt à craindre qu'elle ne cauſe vn déreglement qui vous fera définir peu avantageuſement dans le monde. Vous ſçavez bien, Madame, qu'il vous accuſe de bizarrerie. He quoy ! tant de beauté, & tant d'eſprit joints enſemble, vont ils par des ſentiers vnis ? ne ſont ils pas tantoſt dans les montagnes, tantoſt dans les precipices ? & cette inégalité ne fait elle pas vne partie de leur agrément ? Ie tiens que cette qualité eſt vn relief à mon Tableau, qui piquera & enflammera davantage. Serieuſement ceux qui ſont aſſez ſages pour ſe borner de la ſimple amitié ne la peuvent condamner; mais douleur aux vaincus ! je ne pretendois pas parler de ces pauures victimes, par ce que vous me l'aviez deffendu ; mais le Soleil est-il moins inseparable de la lumiere, que vous de ces rayons divins que vous respandez dans les cœurs ? Et tous ces charmes & ces appas qui vous environnent sont ils si innocens qu'on en passe les effets sous silence ? Il faut pourtant vous rendre justice, & avoüer qu'encores que vous ayez le procedé & les manieres les plus galantes du monde, vous n'estes nullement touchée de ces desirs de conqueste, & que si vous devenez sensible à quelqu'vn, quoy que le Ciel ait versé sur luy ses graces à pleines mains, ses felicitez & ses souffrances seront sans pareilles. Vous arrestez, Madame, mon pinceau dans le plus bel endroit de vostre Portrait, dont je suis si picqué que je m'en veux vanger en vous disant qu'il me semble que vous passez promptement d'vne passion à vne autre, comme de la joye à la tristesse ; de l'amitié à l'indifference ; & que la mesme chose, & la mesme personne qui faisoit vostre divertissement, dans vn instant cause vostre ennuy: mais en reuanche je suis persuadé que vous avez de la fermeté pour vos amis, pourveu qu'ils soient agreables ; car vostre esprit incapable de contrainte s'abandonne volontiers au plaisir & à l'agrément: cela feroit croire à ceux qui ne vous regarderoient pas de prés que vous n'aimez ny ne haïssez;

ne haïssez ; & d'autant plus que vous loüez peu, & ne blasmez jamais. C'est aussi ce temperament qui produit la confiance que vous prenez sans distinction, lors que vous estes pressée d'vn sujet de joye, ou de douleur ; & comme vous auez les sentimens beaux & genereux, ennemis des noirceurs & des fourberies, vous pouuez errer par vn excez de franchise. Vous me permettrez de vous dire que vous n'estes pas fort sensible aux injures de vostre naturel, peut-estre aussi par la peine que vous donneroit l'application à mediter vne vengeance, & à la suivre : elles excitent sur l'heure vostre colere & vostre ressentiment, qui ne durent pas long temps ; & sans que les gens r'entrent dans leur devoir, vous les oubliez. Cette bonne qualité est quasi toûjours accompagnée d'vne mauvaise, & présupose peu de reconnoissance pour les services receus. L'on ne peut assez exaggerer l'honnesteté de vostre procedé, vostre douceur & vostre agrément, & la joye continuelle que vous inspirez dans la societé. Bref, il faut dire que toutes les vertus agreables qui entrent dans le commerce de la vie, sont en vous dans leur perfection : pourtant il faut que je m'échape, & je ne puis pardonner à cette insolence naturelle que vous avez sur les affaires de la Cour. Quoy, Madame! la nature & la fortune auront elles joint à l'envy tant d'avantages en vous, pour les rendre inutiles ? Quoy ! ces charmes d'esprit qui remueroient les montagnes, languissent dans vne tranquilité profonde ? Vous ne connoissez ny grandeur, ny ambition, ny interest, & vous bornez les presens du Ciel par vne belle destinée, qui vous a fait naistre la joye, les delices & l'ornement du monde ? Enfin vous méprisez ces vaines idoles qui sont adorées aujourd'huy, & vous vous contentez, Madame, d'estre la plus aimable personne qui vive ? Cette verité acheve vostre Portrait, dans lequel vous ne trouverez rien digne de vous que la matiere que j'ay prise en vous mesme : mais vous souffrirez que je vous die que vostre peintre dans la reveüe exacte qu'il a faite de toutes vos beautez, a augmenté de respect, d'estime & de veneration pour vostre diuine personne.

PORTRAIT
DE MADAME LA MARQVISE
DE GOVVILLE,
PAR MONSIEVR DE IVSSAC,
ADRESSE' A MONSIEVR DE CHAMBRAY.

OVS estes vn cruel amy quand vous me pressez si imperieusement de vous envoyer le Portrait d'vne Nymphe que vous voyez tous les jours en propre personne. Ignorez vous l'avantage que les originaux ont sur les copies ; & croyez vous qu'il soit si aisé de peindre de memoire ? Quel plaisir aurez vous que je vous fasse voir vn mélange de mauvaises couleurs, & encore plus mal appliquées, pour vous exprimer des traits inimitables ? En verité, Monsieur, vous n'y avez pas songé, & vous ne vous souvenez plus que je suis vn ignorant, que je ne vais point à l'escole de la peinture, & que de moy mesme je n'ay jamais estudié, ce qui auroit pû m'enseigner la muette ou la parlante. Ie ne

lis point les romans de Mademoiselle de Scudery, & je ne vois point ce qui fort du bel esprit, & des belles mains de la divine Minerve, dont vous me vantez si agreablement l'addresse naturelle & merveilleuse. Le moyen que je puisse rien faire à la mode, & qu'il me soit possible en vous peignant la personne du monde la plus agreable & la plus charmante, de luy donner vn air qui plaise & qui charme tout le monde ? Il faudroit pour cela que je fusse aussi heureux que ce peintre qui toute sa vie auoit demeuré dans la Ville (je pense que c'estoit Bologne ou Ferrare) & n'avoit jamais travaillé que suiuant le genie de son caprice, sans aucune connoissance des regles de l'art : quelques étrangers habiles ayant vû des coups de son pinceau, jugerent avec estime de la delicatesse de sa main, & dirent que cela estoit d'vn homme qui pouvoit égaler les plus sçauans dans le mestier. Vn jugement si favorable luy estant raporté, excita dans son cœur la curiosité de courir le païs : il fut à Rome dans vn humble dessein de se perfectionner sous les plus grands maistres, dont à peine il sçavoit le nom ; mais il n'eust pas si tost jetté les yeux sur leurs ouvrages, que par vne juste comparaison qu'il fist tacitement des siens avec eux, il osa s'écrier hautement, *Anche mi son pittore.* En effet selon la tradition dont je tiens cette historiette, il ne cede en rien aux Titiens, & aux Raphaels. Pleust à Dieu,

Monsieur, que j'en puſſe dire autant de moy meſme, & qu'en vous obeïſſant aveuglément, je pûſſe
reüſſir aſſez bien pour me donner vne ſemblable
vanité, quand j'admireray ce que vous, ou M.
de S. aurez fait pour le Portrait d'Olympe. Mais
j'aprehende que vous ne ſoyez pas d'humeur à
entendre mes raiſons : regardez donc celuy que
j'ay tiré de ma memoire pour elle, & imaginez
vous qu'il eſt ſi bien attaché dans mon cœur que
je ne l'en puis oſter, pour vous le repreſenter
ſur le papier.

A voir Olympe d'abord, on ne ſçauroit pas
douter que ſa taille ne ſoit des plus avantageuſes ; ſon port eſt noble, ſa démarche aiſée, ſon
air libre, & elle paroiſt ſi proportionnée entre la
phyſionomie delicate, & relevée, qu'on la jugeroit infailliblement digne du Trône ſi nous vi-
vions parmy des gens qui donnaſſent la Couronne aux femmes les plus majeſtueuſes, & les
moins contraintes dans la bonne grace. Olympe
à les cheveux blonds, mais d'vn blond qui ne fait
paroiſtre les richeſſes de l'or, qu'autant qu'il faut
pour rendre leur couleur precieuſe & agreable ;
la quantité & la longueur en ſont ſi merveilleu-
ſes, qu'elle en ſeroit toute couverte, ſi ſon adreſſe
nompareille ne les releuoit au derriere de ſa teſte,
& ne les attachoit en mille façons de nœuds
qui compoſent ſa coëffure : le peu qu'elle en laiſſe
tomber ſont annelez, & tiennent friſez par le

temps humide, comme par le sec; enforte que les jours qu'elle s'abandonne à la nonchalance, ou les jours qu'elle prend soin de s'ajuster, ils accompagnent toûjours agreablement le tour de son visage. Sa peau est vnie, & le cuir fin & délié, & son teint a vne vivacité qui ne meurt jamais, non pas mesme dans les momens où Olympe est accablée de langueur: le coloris de ses joües est si beau qu'on diroit que la nége y veut ensevelir les roses; & que les roses de dépit & de honte de s'y voir ensevelies par la nége, y rougissent aux endroits qu'il faut pour en faire la beauté plus parfaite. Ses yeux sont de ce bleu éclatant, qui suit de si pres la lumiere du Soleil; & la foiblesse de ceux qui osent les regarder fait qu'on s'aperçoit assez de la force de leur éclat. Elle a le nez aquilin, & jamais il n'en sortit vn mieux tourné des mains de la nature. Ses levres sont d'vn rouge admirable; & l'on pourroit asseurer que toutes les graces se sont venü loger sur sa bouche, si sa bouche n'estoit point trop petite pour les contenir, & si on ne les voyoit pas briller à l'entour, & sortir avec ces paroles par vne porte d'yvoire qu'il semble que ses dents ont formée,

Non sa com'Amor sana, é come vccide
Chi non sa come dolce ella sospira,
E come dol parla, & dolce ride.

Il est aisé de s'imaginer que son cou & sa gorge ont la blancheur & le plein que les personnes connoissantes desirent pour la perfection de ces parties, qui sont ordinairement imparfaites aux plus grandes beautez: mais il faudroit avoir vne veüe de linx pour percer tout ce qui empesche de les voir; car la modestie d'Olympe est si grande, que non seulement ne s'amusant plus à emprunter le secours des mouches & des affeteries pour parer son visage, elle cache avec vn soin extrême ce que la sage austerité a toûjours condamné; & ne montre mesme ses bras & ses mains qu'elle a tout à fait belles, qu'autant que le permet la severe bien-seance, & qu'il est necessaire pour l'vsage dont elle ne peut se dispenser. Au reste Olympe a le ton & l'accent tendre & passionné; ce qui a fait dire d'elle fort galamment à vn de ses amis, qui n'a pas son pareil pour imaginer juste, qu'elle estoit pestrie de passion, & cela est vray. Elle chante bien; & quoy que sa voix ne soit pas des plus grandes, ny des plus belles, l'oreille se tromperoit assurément, qui ne jugeroit pas qu'elle est des plus douces, & des plus charmantes. Enfin Olympe à sa façon d'agir, & à sa mine sent extrêmement sa personne de qualité: son procedé part de la source des beaux sentimens; & en quelque compagnie qu'elle se trouve, on remarque en elle vn je-ne-sçay-quoy de ravissant; qui emporte les esprits à décider que les autres Dames ne l'égalent point, sans en excepter les Princesses, qu'elle voit fort souvent, & dont la condition l'oblige à leur faire sa cour, pour se conserver dans leur amitié, qui ne luy couste qu'vn peu de cajolerie.

Et bien, Monsieur, estes vous content? Les traits que je viens de vous marquer, vous font ils reconnoistre la beauté que vous vouliez voir tirée de ma main, & apres avoir si peu reüssi à dépeindre les qualitez du corps d'Olympe, puis-je entreprendre de vous dépeindre celles de son ame: sans doute j'en devrois demeurer là, mais je vois bien que vostre curiosité n'est pas satisfaite, & que cet absolu pouvoir que vous avez sur moy exige que j'acheve de vous crayonner la plus belle partie de cette considerable personne. Ie vais donc continuer, quoy qu'il me soit difficile de voir, où il n'y a que le grand Artisan de l'vnivers, qui puisse penetrer veritablement.

C'est vne chose presque toûjours ordinaire que les edifices qui ont au dehors vne belle apparence, ont au dedans des ouvrages exquis, & que leurs appartemens bien ordonnez sont meublez superbement & de mille raretez excellentes. Les boüetes où l'art de l'ouvrier éclate plus que les diamans qui brillent au tour parmy les pierres precieuses, enferment toûjours quelque tresor encore plus precieux: & quand bien cela ne seroit pas, on peut dire assurement d'Olympe,

chiude in bel corpo anima bella,
L'humeur, qui est le grand ressort des mouvemens de l'ame, se trouve dans la sienne si égale, qu'il ne faut pas s'émerveiller si Olympe se porte à tout avec vne moderation, & avec vne complaisance qui ne se démentent jamais en nulle sorte. C'est ce qui la rend civile, douce, affable, caressante, discrette & secrette comme elle est. Elle ne se hausse point dans la joye, ny ne s'abbaisse point dans la tristesse : le dépit luy fait sentir quelque-fois ses pointes ; on diroit qu'il la maistrise ; mais le dépit ne se change jamais chez elle en vne colere criminelle, & les grands sujets qu'elle en a eus, en font vne preuve qui ne se peut revoquer en doute. Comme je vous ay dit que le ton de sa voix estoit tendre & passionné, on la peut soupçonner que le cœur, qui en est le principe, (car comme vous sçavez Monsieur, on parle du cœur) on la peut dis-je soupçonner que son cœur est détrempé dans la tendresse & dans la passion, & que l'amour en commanderoit les premiers sentimens, si l'honneur & la reputation des Dames s'établissoit par les conquestes amoureuses ; mais la raison estant plus forte, tout cela se convertit en pure amitié, dont elle est si obligeante envers ses amis, qu'absens comme presens, elle a vn soin extréme de les entretenir, & de les gratifier jusques dans les moindres choses. Elle donne aisément à

tout ce qui eſt permis ſelon les loix du monde : ſon penchant la porte du coſté de l'ambition & de la gloire, & ſon empreſſement neglige rarement de s'acquerir l'eſtime des hommes de merite. Comme elle aime la magnificence, ſon inclination va droit aux grandeurs, & à deſirer tout ce qui peut la faire paroiſtre magnifique. Peut-eſtre que ſi la fortune avoit fait pour elle autant que la nature, elle auroit moins d'inquietude pour des biens qu'on croit vtiles à contenter la vie, & pour leſquels on n'a jamais d'affection reglée, lors meſme qu'on les poſſede dans le ſuperflu. Cependant ces illuſtres defauts ne ſervent que d'vne ombre legere à l'innocence de ſes mœurs: & comme elle eſt entierement perſuadée des ſolides veritez qui promettent les richeſſes eternelles, & deſabuſée de la fauſſeté des paſſageres, elle ſe retient dans vn pas ſi gliſſant; elle ne ſuccombe point à la tentation, & détournant ſa veüe de l'Ardent trompeur, elle ne s'attache qu'au but principal que la ſincere vertu luy propoſe ; car enfin Olympe eſt vertueuſe, elle cherit ſa Religion, & ſi elle n'a pas toute la ferveur des Martyrs, elle ne manque pas toute-fois de zele,& ne laiſſe pas de rendre vn culte aſſidu & reſpectueux au Dieu, dont elle reconnoiſt avoir receu tous les avantages, dont elle eſt comblée : ſes actions pieuſes ſe font ſans bruit

& sans ostentation ; elle n'est pas de celles qui en tirent vanité, par ce qu'elle croit ne faire que son devoir. Sa sagesse n'est ny fiere, ny glorieuse, mais aussi elle n'est pas si fort remplie des influences du Ciel, que les vapeurs de la Terre ny entrent vn petit. Elle aime les honnestes gens, mais elle en hait la foule, & le trop grand nombre à la fois ; tous la cherchent & luy viennent rendre visite, mais elle ne les voit pas tous ; & sa porte n'est ouverte qu'aux choisis & aux appellez. Pour ce qui est de son esprit, tout ce que je viens de dire fait assez juger qu'il est du plus beau naturel du monde, & que les plus estudiez n'ont rien qui puisse entrer en comparaison avec luy, quoy qu'il semble qu'il n'ait aucune estude. Olympe à la conversation vive, toûjours divertissante, & jamais ennuyeuse : ses reparties sont à propos, spirituelles, & dans la justesse ; & quand on est las de tenir sur le tapis les plus importantes affaires, elle ajuste avec tant de galanterie les bagatelles les plus simples, qu'on y trouve à se divertir également. Iamais personne n'eut vn meilleur goust pour les bonnes choses : elle a le don de discernement pour toutes, & la peine qu'elle ne prend point pour s'instruire en fueilletant les livres, luy donne le plaisir d'entendre avec attachement les gens qui en ont la connoissance : elle s'applique assés volontiers aux ouvrages qui courent les ruelles, & qui volent parmy le beau monde : on ne la sçauroit faire passer par les beaux endroits de prose, qu'elle ne les remarque en toutes leurs circonstances; & c'est sans doute ce qui est cause qu'elle fait des lettres si jolies. Pour les Vers, c'est sa passion, & quoy qu'elle n'en fasse point, elle les recite comme si elle en faisoit; & de cette maniere qui regne en tout ce qui vient d'elle, c'est à dire toûjours tendre, & toûjours passionnée; aussi prend elle vn particulier divertissement à la Comedie, & aux concerts des violons, qui touchent les sens, & réveillent si agreablement les belles idées par leur harmonie; mais elle donne rarement de son temps à des occupations qui ont vne suite si favorable à la médisance ; elle s'adonne plutost au jeu, & lit plus souvent des parties de promenade avec des personnes dont la haute naissance, ou la pureté dissipe le venin des mauvaises langues : elle n'est point pour cela ennemie de la solitude ; au contraire, elle la cherche quelque-fois, mesme au milieu de la Ville: elle est ravie quand elle trouve quelqu'vn à qui en parler ; & elle prend la campagne pour en jouïr plus à son aise, & en plus de liberté : mais comme la Cour est le centre des personnes qui y ont pris leur nourriture, c'est l'air où elle se plaist d'avantage, & où s'estant jointe à celles de sa sorte, elle auroit assez d'attache à démesler des intrigues, s'il s'y trouvoit vn peu moins d'infidelité; car elle est capable des plus grandes menées, & des plus serieuses ; & il luy en a passé quelques vnes par les mains, qui auroient fait vn grand changement de theatre, si le fil n'eust point rompu sur la fin de la trame, & si la piece eust pû s'achever.

Ie pense Monsieur, que je ne feray point de mal de finir icy la mienne brusquement, & de vous avoüer qu'il m'est auis que j'ay tellement défiguré Olympe au Portrait que j'en viens de tirer, que j'ay raison de craindre que vous ne la reconnoissiez point du tout : j'en jette de honte & de chagrin les pinceaux & les couleurs par terre, & vais essayer de me consoler avec les paroles du galant qui contoit des fleurettes dans les jardins du palais d'Armide : quand sa maistresse voulut se regarder dans son miroir, il entreprit de luy persuader que la glace ne la pouvoit representer si belle qu'elle estoit; *Non può*, luy dit-il (s'il m'en souvient bien, car je n'ay pas le livre en ce pays, & je vous conjure de me corriger s'il y a de la faute à ce que je cite,)

Non puo specchio ritrar si bella image
Degna proprio del Ciel', & delle stelle
Puo rimirar le sue sembianze belle

Tirez de la vne conclusion favorable pour moy,

& si vous ne jugez pas qu'elle puisse sauver l'honneur à mon pinceau, passez hardiment l'éponge sur tous les traits qu'il a formez, seulement à dessein de vous plaire : je me figure que c'est le meilleur conseil que vous puissiez prendre.

PORTRAIT DV ROY,

SOVS LE NOM DE TIRSIS
EN BERGER,
PAR MADAME LA COMTESSE
DE BREGIS.

I le Portrait de Tirsis en representoit la personne avec tout son éclat, vous n'en pourriez souftenir la veuë, & mes yeux seroient tellement éblouïs de mon ouvrage, qu'ils ne le pourroient achever. Sans considerer donc qu'il est du rang des Dieux, habillons Tirsis en Berger, afin que sous cette forme j'aye la hardiesse de le peindre, & vous celle d'approcher

son tableau, pour y voir que Tirsis déffait de tous les ornemens qui d'ordinaire l'environnent, demeure par ses propres charmes plus aimable encore que tous ces Bergers fabuleux que les poësies ont imaginez pour nous plaire ; & les bords du Lignon n'ont jamais vû ce que je vous vais montrer sur les bords de la Seine. C'est vn Berger, belle Amarante, qui peut porter vn Sceptre bien mieux qu'vne Houlette. Il a le cœur d'vn conquerant, & paroissant toûjours avec ceux de son sexe ce qu'il faut que soit vn Heros. Il n'est jamais avec le nostre que ce que doit estre le plus galant, & le plus honneste homme du monde. Sa personne sert infiniment à faire valoir tout le reste de ses avantages, car, belle Amarante, c'est le mieux fait de tous les hommes : il est grand, & d'vne taille si parfaite, qu'il n'auroit pas besoin que vint ans, qui est l'âge du Berger, le laissassent en liberté de croistre davantage. Ses cheveux sont de la couleur de Cedre, ils sont si beaux, & en si grande quantité, qu'ils le parent autant qu'vne Couronne, & mesme le font regner en des lieux, où les Sceptres ne seroient pas toûjours obeïs. Son visage n'est pas regulierement beau : mais la beauté n'estant que ce qui plaist, l'on peut dire que le Berger Tirsis est le plus beau du monde. Ses jambes, & ses pieds sont si parfaitement bien faits que personne ne doit avoir regret qu'ils soient pour marcher sur nos testes :

teftes : il a vne facilité & vne adreffe merveilleufe pour tous les exercices : il danfe mieux que l'on n'a jamais fait ; & dans toutes les feftes du Hameau il l'emporte fur tous les autres Bergers; mais il fe contente de meriter les prix, & ne fe foucie pas de les avoir. Il eft fi propre & fi galamment habillé, que cela joint à fa bonne mine le fait toûjours prendre pour le Roy des autres Bergers; & les mieux faits ne le fçauroient paroiftre qu'en faveur de fon abfence ; mais, belle Amarante, quelque foin que je prenne de vous reprefenter fidellement Tirfis, je ne penfe pas m'en eftre affez bien acquitée, par ce qu'il fe trouve des graces en toute fa perfonne, & certain air qui ne pouvant échaper au fouvenir, ne laiffe pas d'échaper au pinceau. Mais, Amarante, ce ne feroit pas affez de vous dire encore tout ce qui eft d'aimable au Berger, fi je ne vous parlois de fon humeur, & de fon efprit. Il eft judicieux, galant & difcret; & jamais il n'a refpondu aux chofes que l'on luy a dites qu'avec la plus grande jufteffe, & de la plus agreable façon du monde : de forte que les converfations où il fe trouve ne fçauroient avoir plus de mal que fon filence, ny plus de bien que lors qu'il y veut beaucoup parler. Son humeur eft vn peu cachée & dédaigneufe, mais genereufe & bonne; & Tirfis eft fi exemt de defauts, & fi remply de bonnes qualitez, que l'on le peut dire accomply. Ce Berger tel que je vous le represente, l'honneur de nos Hameaux, estoit sur le point de mourir, & d'emporter avecque luy la joye de tous ceux qui l'approchent, lors que je receus vostre lettre, & quand preocupée de la peur de le perdre, je ne vous donnay point, comme à mon ordinaire, des marques de mon soin; mais presentement que nos craintes se sont changées en l'aise de le voir la teste couronnée de lauriers, conduisant dans nos prairies son troupeau de meilleure grace qu'il n'a jamais fait, j'ay voulu vous le peindre en cette maniere, & vous en faire le Portrait sous cet habit champestre, afin que vous eussiez plus de plaisir de voir que c'est de sa seule personne que son tableau reçoit de l'embellissement, & que cachant son Sceptre sous la Houlette que je luy donne, Tirsis ne laisse pas d'estre jugé digne de regner en tous lieux: & le Peintre n'estant pas capable de donner des ornemens à son ouvrage, ne laisse pas de l'en croire tout remply, par la fidele description qu'il vous donne de l'aimable Tirsis.

PORTRAIT
DE
SON ALTESSE ROYALE
MADEMOISELLE,
FAIT PAR MADAME LA COMTESSE
DE LA SVZE,
DE LA MAISON DE COLIGNY.

ILLE du Souverain des Dieux,
Qui des arts les plus glorieux
Merites l'eternel hommage;
Minerve, viens à mon secours,
Ie veux peindre dans cet ouvrage
Le plus rare objet de nos jours.

Pensant à ce divin objet,
Cent fois vn si hardy projet
A sçeu me flater & me plaire,
Et foible pour ce grand tableau
Cent fois de ma main temeraire
I'ay laissé tomber le pinceau.

Que mon sort sera glorieux,
Si par mes vers ambitieux
Ie fais autant pour ma Princesse,
Qu'ont fait mes Ayeuls autrefois
Par leur épée & leur adresse
Pour le service de nos Rois.

D'vn air imperieux & doux,
Qui mettroit Iunon en couroux,
Sa belle taille est animée ;
Et l'on voit bien à ses beaux yeux
Que le sang dont elle est formée
Est le plus beau sang de nos Dieux.

PORTRAITS.

Sa bouche a mille attraits puiſſans,
Elle ſurprend l'ame & les ſens,
Rien n'eſt ſi doux que ſon langage;
Le cœur qui reſſent ſon pouvoir
Ne ſçait ce qui plaiſt davantage,
Où de l'entendre, ou de la voir.

Parmy les plus brillantes fleurs
Cherchons les plus vives couleurs
Pour peindre une bouche ſi belle;
Et prenons ce riche incarnat,
Que prend une Roſe nouvelle
Qui veut ſe donner de l'éclat.

Ma peinture ſans la flater
Pourroit mille traits emprunter
De la Princeſſe de Cythere ;
Mais ſon eſprit eſt au deſſus,
Et l'on ſçait que cette ame fiere
Ne veut rien avoir de Venus.

Toy, qui dans un si beau dessein
Conduis mon esprit & ma main,
Rends ma noble entreprise heureuse:
Il faut, ô divine Pallas,
Peindre son ame genereuse,
Deesse ne t'éloigne pas.

Pourray-je bien selon mes vœux
Faire voir les soins merveilleux
D'une ame en vertus si feconde,
Et donner assez de rayons
Au plus brillant esprit du monde
Avec de si foibles crayons ?

Venez divines qualitez,
Sagesse, lumieres, bontez,
Dont le doux éclat l'environne,
Et pour un si rare tableau
Que chacune de vous me donne
Ce qu'elle eut jamais de plus beau.

PORTRAITS.

Animons d'une noble ardeur
Le beau Portrait de son grand cœur
Dont la gloire seule est Maistresse,
On dira qu'en son plus beau jour
Il y manque quelque tendresse,
Mais la honte en est à l'amour.

Que cette Heroïne a d'attraits!
Qu'elle a de graces & de traits
Ou l'art ne peut iamais atteindre!
Qu'elle sçait bien tost nous charmer!
Qu'elle est propre à se faire craindre,
Et sçavante à se faire aimer!

On sçait qu'en son juste courroux
Contre ses redoutables coups
Toute la resistance est vaine;
Mais malgré son ressentiment
Elle punit avecque peine,
Et pardonne facilement.

  L'honneur regle ses actions ;
Sur les plus fortes passions
Son bel esprit sçait prendre empire :
Il cache ce qu'il veut cacher,
Mais la gloire qu'elle en retire
Luy couste peut estre bien cher.

  Son cœur à la devotion
Sent quelque disposition,
Et voudroit l'avoir toute entiere :
Elle y fait tout ce qu'elle peut ;
Mais c'est vne fort grande affaire,
Et ne l'a pas toûjours qui veut.

  Ie ne puis que trop foiblement
Toucher en mon estonnement
La force de son grand courage :
Que le danger soit sous ses pas,
Qu'elle entende gronder l'orage,
Son beau teint n'en changera pas.

PORTRAITS.

Avec cet esprit sans égal,
Cet abord au cœur si fatal,
Cette fierté pleine de charmes,
Ce cœur incapable d'effroy,
Mettons luy ton Casque, & tes Armes,
Pallas, on la prendra pour toy.

PORTRAIT
D'VNE PERSONNE INCONNVE,
DONT ON NE SÇAIT POINT L'AVTEVR.

STANT vn jour entré dans la chambre d'Alcidiane par la permiſſion que la Princeſſe ſa mere m'en avoit donnée, je la trouvay ſi attachée à ſon miroir, que je fus long temps derriere elle ſans qu'elle s'en aperceuſt : quand elle le fit, elle ſe leva bruſquement, rougit, & me demandant qui m'avoit donné la liberté d'entrer, luy ayant dit, elle ſe remit l'eſprit, & approchant d'vne feneſtre ſans me rien dire, je luy demanday à quoy elle penſoit avec ſi grand attachement ; je penſois à faire mon Portrait, & je trouvois qu'il eſt tres difficile en ce ſujet de dire toutes les veritez avec modeſtie : mais l'ayant promis à vne de mes amies, je vous

PORTRAITS. 195

prie de le faire. Le commandement de cette Princeffe, à laquelle je ne puis rien refufer, m'engage à la mefme entreprife que celuy qui voulut peindre le Soleil; je pourray courre fa mefme fortune; il s'éblouït, & pour vouloir trop confiderer la lumiere, il la perdit. Il ne m'importe, je veux obeïr. Commençons donc par le tour de fon vifage.

Cette admirable Princeffe l'a vn peu ouale; fes cheveux font blonds, vn peu dorez; fon front bien fait; les yeux, que je regarde avec refpect & crainte, font bleus, bien fendus, naturellement doux, ny trop relevez, ny trop ouvers, fi agreables qu'ils impriment d'abord de l'admiration, & fufpendent les ames.

Son nez eft bien fait; m'ayant commandé d'eftre fincere, je fuis obligé de dire qu'à s'attacher dans vne obfervation rigoureufe, il eft vray qu'il eft vn petit gros par le bout; mais l'éclat de fon teint & le brillant de fes yeux m'auroient empefché de faire cette remarque, fi elle mefme ne me l'avoit fait faire.

Sa bouche eft petite, vn peu relevée; fes lévres bien faites, & de la couleur de ce beau corail qui eft entre le pafle & le rouge. Ses dents ne font point d'yvoire, ny de la couleur de la cire blanche, mais il femble que ce foient des perles bien rangées, qui avec l'incarnat de fes lévres font vn effet fi beau & fi attachant, que perfonne ne fçauroit regarder fa bouche que

B b 2

l'on n'ayt pour elle cette derniere veneration & desir que l'on a pour les Reliques, quand l'on les montre. Ie diray en vn autre lieu quel est le ton de sa voix. Son visage s'acheve par vn menton qui l'accomplit. Son col n'est ny gros ny menu, ny long ny court, qui par sa descente bien proportionnée tombe sur des espaules de marbre blanc, & commence vne gorge de lait, dont la forme pleine compose le plus beau sein que l'on puisse jamais voir, pour l'age de la Princesse. Que volontiers je ferois icy vne pause pour admirer ce chef-d'œuvre de la nature, si ce n'estoit que les bras que je vois découvers me convient à leur tour de les considerer : ils sont ronds, blancs, & faits pour estre le dépit de toutes les femmes, aussi bien que ses mains, qui sont si bien taillées qu'il n'y a point de peintres qui ne se trouvent à son disner, pour essayer de les former dans leurs esprits, pour en faire quelque copie.

Sa taille est belle, grande, & aisée, & sans pareille. Si je ne dis pas davantage, prenez vous en à ses habits. Pour son pied jusques à la cheville, je l'ay vû, il est long & estroit, & tres bien formé. Tout son corps à vn air, vn port, & vne majesté sans égale.

Maintenant qu'il me faut d'écrire les qualitez de l'ame qui anime ce beau corps, je me sens comme vne personne dans la foule, qui ne sçait de quel costé se tourner : tant d'objets m'estonnent ; toutes les vertus se presentent tout d'vn temps à moy, elles me pressent, elles me sollicitent : je ne sçay à laquelle je dois m'engager pour commencer.

La prudence, qui est la guide de toutes ses actions, l'accompagne toûjours : elle possede les grandes & les petites vertus, la civilité, la douceur, & la courtoisie sont nées avec elle, aussi bien que la pieté & la charité. Elle croit que ceux qui reçoivent d'elle des marques de sa liberalité, luy donnent des moyens de bien faire, & s'en tient obligée : de toutes les passions, elle n'en connoist qu'vne, qui est de faire continuellement de belles actions.

Ie veux repasser sur ce divin visage : son front, qui est vny comme vne glace, ne s'est jamais ridé, ny par chagrin, ny par colere. Ses yeux, qui sont admirablement doux, ne se sont rendus dédaigneux qu'à moy. Sa bouche, qui est entourée d'agrémens & de ris, produit vne parole douce, vn peu molle, mais nette ; & encore qu'elle prononce la justice fermement, c'est toûjours avec douceur.

Son esprit, aussi bien que son ame, anime tout son corps ; elle en a jusques au bout des doigts, qu'elle employe adroitement à toutes sortes d'ouvrages. Elle jouë tres-bien du lut ; elle danse mieux que les maistres ; & si la bien-seance luy permettoit, elle sauteroit mieux que les plus dispos : elle n'ignore que ce qu'elle ne doit pas sçavoir : elle a toutes les graces ; l'on peut veritablement dire que l'autheur de la nature luy a donné par le moyen d'vne mere adorable vn rayon de sa beauté & de sa bonté, & qu'il ne luy manque rien qu'vn bon peintre.

Si le disciple de Saint Luc ne se fust point défié de ses forces corporelles, il eust bien mieux fait ce Portrait ; mais il a eu peur que ces belles idées ne formassent dans son cœur vn feu inutile, & inextinguible. Pour moy je m'abandonne à toute sorte d'évenement.

PORTRAIT
DE MADAME LA DVCHESSE
DE CREQVY,

PAR MONSIEVR LE MARQVIS DE SOVRDIS.

OVS ferez surprise sans doute du dessein que j'ay de faire vostre Portrait, sçachant que je n'ay pas assez d'habitude avec vous pour m'en bien acquiter, & que vostre humeur, qui vous retient ordinairement dans l'estenduë de vostre famille, en donne peu de connoissance aux étrangers : mais, Madame, les personnes de grande vertu, & de grand merite ne peuvent estre inconnuës ; & cette retraite volontaire que vous faites du grand monde, est vne des principales raisons qui m'obligent à faire cette peinture.

Il m'est aisé de dire avec tout le monde que vous estes vne des plus belles personnes de vostre siecle, vne des plus sages, & des plus vertueuses. Ces loüanges vous ont esté données plusieurs fois, & si je n'avois à dire que les mesmes choses, je n'entreprendrois point de faire vostre Portrait.

Ie pretens vous faire connoistre non seulement au siecle present, mais à la posterité, pour modele d'vne femme mariée parfaite. Quelques vns ont fait la peinture d'vne honneste femme; mais nul jusques à present n'a eu le dessein que j'ay, qui est bien different du leur, puis qu'il y a des qualitez particulierement necessaires aux femmes mariées, qui ne le sont pas aux autres.

Si les perfections du corps n'estoient point absolument requises à ce Portrait, j'épargnerois à vostre modestie la peine de lire quelques lignes, lesquelles j'acourciray autant qu'il me sera possible. Le corps a part, aussi bien que l'ame, à la societé du mariage; & pour cette raison, vne honneste femme doit souhaiter d'estre belle, pour rendre cette societé plus douce, & plus agreable à son mary : & j'estime que rien n'est plus doux à vn homme que de gouster le contentement d'avoir vne fort belle femme, admirée de tout le monde, avec la mesme seureté qu'il pourroit avoir avec vne laide, laquelle ne seroit desirée de personne. Souffrez donc que je die que vous estes la plus belle de vostre siecle, & qu'il n'y a rien

rien en vous qui ne soit admirable. Mais comme je pretens loüer vne femme mariée, je ne parleray que des qualitez qui contribuent principalement à la satisfaction d'vn mary.

Voſtre taille eſt non ſeulement de celles qu'on appelle nobles, mais elle a vn degré d'éminence entre celles là : elle paſſe vn peu la grandeur, & la belle taille ordinaire des Dames, & n'arrive pas à l'excez; qui eſt vne choſe fort exquiſe parmy nous autres peintres, qui donnons à nos figures, pour les rendre parfaites, quelque choſe de plus que la proportion ordinaire.

Voſtre bonne mine a ſçeu ſi bien meſler la majeſté, la douceur, & la modeſtie enſemble, qu'elle imprime le reſpect à tous ceux qui la voyent ; qu'elle attire l'affection & la bien veillance d'vn chacun, & qu'elle oſte le deſir à tous.

La beauté de voſtre teint eſt ſi bien meſlée de blanc & d'incarnat, qu'elle ne peut eſtre comparée ny aux lys ny aux roſes ; les lys n'ont pas aſſez de vivacité, ny les roſes aſſez de blancheur; & leur juſte meſlange s'eſt rencontré ſeulement en voſtre teint, pour nous faire voir cette merveille.

Voſtre bouche bordée, & petite, eſt bien ſans doute de la couleur des roſes; elle ſe pourroit dire ſans pareille, ſi nous n'avions pas vû celle de Madame de Chaſtillon ; & vos dents qui ont le luſtre & la blancheur des perles d'Orient, témoignent que vous joüiſſez d'vne entiere & parfaite santé. Comme ce sont les yeux qui font les grandes conquestes, & que vous ne desirez plus rien acquerir, je n'en parleray point, non plus que des autres beautez de vostre visage, par ce que j'estime que celles dont j'ay parlé doivent donner vne entiere satisfaction à vn mary.

Ie ne puis oublier la belle famille que vous avez donnée à vostre maison, par ce que c'est vne chose absolument necessaire dans le mariage, pour le rendre parfaitement heureux. Vostre pieté & vostre devotion sont sans fard, & sans ostentation, comme aussi sans superstition, & sans bigotterie. Les Eglises que vous frequentez ne sont pas celles où le beau monde s'assemble; & les heures ausquelles vous y allez, ne sont pas celles que l'on appelle des belles messes, & du coquet.

Vostre prudence a paru si eminemment en vostre conduite dans la Cour, & dans vostre famille, que l'envie mesme n'y a jamais pû trouver à redire : ce qui est d'autant plus difficile que vous estes d'vne beauté extraordinaire. La retraitte volontaire du beau monde dans la grande jeunesse, & l'attache d'vne femme mariée à sa famille, sont les veritables marques d'vn jugement solide, & meur mesme avant l'âge. La douceur & l'adresse de l'esprit, qui donnent la facilité de s'accommoder aux humeurs differentes des personnes avec lesquelles on est obligé de vivre, sont des qualitez tres-estimables en toutes les femmes : mais en vne perfonne jeune & tres-belle, c'est vn degré de vertu qui ne se peut assez estimer, & c'est le vray caractere de la perfection d'vne femme mariée.

Ie croy qu'apres ce dernier coup de pinceau, je dois estimer ce Portrait achevé, & penser qu'encore que vostre mary en ayt l'original, la peinture ne luy en sera point desagreable ; que ce Portrait luy fera sans doute cacher celuy de Raphaël, dont il se glorifie parmy nous ; & qu'il avoüera au moins que celuy-cy surpasse d'autant l'autre, que la beauté des femmes passe celle des hommes.

PORTRAIT
DE
MONSIEVR,
FAIT A FONTAINEBLEAV,
AV MOIS D'AOVST M. DC. LVIII.

PAR MADEMOISELLE.

IL est plus difficile de faire le Portrait d'vne beauté sans défauts, & en qui la nature n'a rien voulu oublier pour la perfectionner, que celuy d'vne personne envers qui elle a esté paresseuse : car la peinture peut supléer en celuy-cy par son art, & il seroit difficile de suivre la nature, & mesme de la pouvoir bien jmiter en l'autre. C'est pourquoy le dessein que j'entreprens, ne me paroissant pas aisé, j'aprehende de ne pouvoir rien dire d'assez digne, d'assez beau, ny d'assez convenable au sujet. Mais quand Dieu donne aux gens de grands desseins, & qu'il leur inspire de beaux sentimens, je me persuade qu'il leur donne aussi les forces necessaires pour les soustenir, & pour les pousser jusques à la fin. Ainsi me confiant en la providence divine, je puis en esperer vne issuë favorable; car pour parler des divinitez, que peut on implorer que la divinité mesme ?

La taille de ce Prince n'est pas des plus hautes; mais n'ayant que dix-huit ans, il y a lieu d'esperer qu'il pourra croistre : elle est si bien faite & si bien proportionnée que quand elle demeureroit comme elle est, on ne pourroit pas s'en plaindre, puisque la grandeur des hommes ne regle pas celle de leurs actions, ny de leur courage. Alexandre, Cesar, & Henry IV. estoient de moyenne taille ; ainsi MONSIEVR doit estre satisfait, quand il leur ressemblera en toutes choses, comme il fait dé-ja au dernier en beaucoup. Il a les jambes belles, mais non pas d'vne beauté commune; & ses pieds sont aussi bien faits qu'il se peut. Ses cheveux sont noirs, & d'vn lustre admirable; il en a grande quantité, & ils sont bouclez naturellement avec plus de justesse que s'ils l'eſtoient par artifice : enfin c'eſt la plus belle teſte du monde. Son viſage eſt long, & de belle forme ; ſon nez aquilin, comme celuy de Henry IV. & aſſurément MONSIEVR ne luy reſſemble pas moins en ſes inclinations, qu'en cela. Car il eſt auſſi galant qu'il eſtoit, il a autant d'amour pour les Dames, & par la ſuite de ſes actions on connoiſtra qu'il aura autant de paſſion pour la guerre, où l'on doit ſouhaiter qu'il ſoit auſſi heureux. Pour la galanterie, apparemment il le ſera davantage, puiſque jamais homme n'y fut ſi dupe que Henry IV. MONSIEVR eſt plus beau, & eſt mieux fait, mais il n'eſt pas Roy; & je ſuis aſſeurée que qui les aura vûs tous deux, ce qui eſt poſſible, pariera pour MONSIEVR. Il a les yeux beaux, fins, brillans, & doux, comme il convient à vn homme de les avoir. Son regard eſt fier, & gracieux; ſon teint d'vne blancheur, & d'vne vivacité, qui montrent la force & la vigueur de ſon temperament. Pour ſa bouche on ne la peut mieux loüer pour ſa forme, & pour ſa grandeur, qu'en diſant qu'elle eſt tout-a-fait ſemblable à celle de la Reyne, puis que la bouche de cette merueilleuſe Princeſſe n'eut jamais ſa pareille, & que la beauté qu'on y remarque eſt au deſſus de tout ce qu'on en peut dire. Le ris de MONSIEVR eſt agreable; il ne montre point ſes dents en riant, ce qui eſt extraordinaire, & parfaitement bien, quoy qu'il les ait blanches : enfin rien n'eſt ſi beau, ſi agreable, ny ſi bien fait, que ce grand Prince. Sa mine eſt telle que la doit avoir le fils de tant de Rois & d'Empereurs, dont il eſt ſorty de tous coſtez; & quand cela ne ſeroit pas ſçeu de toute la terre, on le jugeroit à ſon air. Il eſt civil, & particulierement aux Dames, pour qui il a beaucoup d'amitié, comme j'ay dé-ja dit. Il n'a encore témoigné aucun attachement particulier, que pour vne perſonne dont la beauté le meritoit bien, & la rendoit digne de ſon choix; & ſi la mort ne l'euſt point rauie, nous aurions vû des marques de ſa conſtance; car je ne doute pas qu'il n'en euſt beaucoup, & la douleur qu'il en a témoignée en eſt bien vne preuve. Il eſt ferme pour ce qu'il aime, & connoiſt bien ceux qui meritent cet honneur; mais ſa grande bonté pourroit faire croire qu'il n'auroit pas tout le diſcernement que je viens de dire, c'eſt pourquoy il eſt bon que l'on ſçache que tous ceux qu'il ſouffre, à qui il parle, & à qui il fait du bien, il ne les aime & ne les eſtime pas tous, mais il parle aux vns, par ce qu'ils le divertiſſent; ſouffre les autres par bonté, & donne par charité. Car quoy qu'il ſoit liberal, ce ſeroit neantmoins prophaner ſes bien faits, de les mal employer : ainſi il eſt liberal par diſcernement, & charitable par pieté. Il a l'ame bonne, & il ſera ſur la devotion comme ſon grand pere : il eſt incapable d'injustice, il est charitable; & du reste il ira à Vespres, en suite chez les Dames, & du Salut au Bal, où il reüssit à merveilles, car il danse bien, & de bonne grace. Il aime le jeu, est beau joüeur, & perd son argent en grand Prince : il est magnifique, aime toutes sortes de plaisir & de despence, mais avec regle. Il a de l'esprit infiniment, & plus de jugement que n'ont d'ordinaire les personnes de son âge : en cela il tient fort de Charles quint, qui quelque jeune qu'il ait esté, a toûjours eu beaucoup de prudence : & estant son petit fils, on ne s'estonnera pas de celle qu'il a témoignée en des rencontres, où il s'est trouvé environné de gens moins prudens que luy : mais il seroit injuste de tout donner à la naissance, & de ne rien dire de l'education, dont Monsieur le Cardinal a pris tant de soin. L'on doit aussi loüer MONSIEVR de son respect, & de sa tendresse envers le Roy & la Reyne, & n'oublier pas la beauté de ses mains qu'il tient d'elle; elles sont sans doute dignes des Sceptres : il est à souhaiter qu'il en puisse conquerir : & si la Prophetie que l'on fist à Henry IV. qu'vn de ses Enfans conquesteroit l'Empire des Othomans, a son effet ; l'on doit desirer qu'elle s'accomplisse en luy.

PORTRAIT

PORTRAIT
DE
M. D. L. C.

OVS me demandez des nouvelles du Parnasse, Illustre Melisse, & vous ne sçavez possible pas que toutes nos Muses sont depuis quelque temps,

Ou dormantes, ou depitées,
Ou des Esprits peu visitées ;
Que leur double mont tant chanté
N'est plus à present frequenté
Par ces illustres, dont les plumes
On escrit de si beaux volumes.

Que ces grands hommes sont rebutez d'escrire, & qu'il n'y a plus que des aprentifs qui s'en meslent, ou des maistres si peu sçavans, que l'on ne void plus nul ouvrage de conſequence chez les Imprimeurs, ny dans les ruelles. On ne laiſſe pourtant pas d'eſtre importuné de méchantes choſes ;

  Et comme jadis Bouts rimez,
  Inonderent toute la France,
  Et qu'ils ne furent ſupprimez,
  Que par noſtre propre inconſtance,
  Aujourd'huy Portraits à foiſon
  Se font voir ſur noſtre horiſon.
Et ſont les beaux objets de toute l'eloquence
  Il n'eſt point de petit garçon
Qui n'en donne au public quelqu'vn de ſa façon :
  Il n'eſt point de fille ou de femme,
  Qui ne nous dépeigne ſon ame,
  Et qui ne faſſe voir a nu
  Ce qu'elle a de plus inconnu.

Ce que je trouve d'admirable dans ce nouveau genre d'eſcrire, c'eſt que ceux qui penſent faire leur Portrait, s'attribuent tout ce qu'ils ont ouy dire de beau, ou pour les lumieres de l'eſprit, ou pour les nobles ſentimens de l'ame. Le moindre petit eſcolier ſe ſent, dit-il, genereux, chaud amy, liberal, éclairé plus qu'il ne paroiſt ; & la moindre petite femme aſſure qu'elle aime ſes amis avec vne conſtance inébranlable, qu'elle

PORTRAITS.

hait la médisance, & la coqueterie plus que la mort, & qu'elle ne connoist dans son cœur nul mouvement d'envie, ny d'avarice. Enfin tous les hommes sont des Catons, ou des Cesars pour le moins, & les femmes des Lucreces, ou des Octavies. La charmante Delie vous en fera voir quelques vns de ce stile qu'elle a ramassez, cependant recevez celuy d'Isabelle, que j'ay entrepris par vn commandement exprés, avec protestation de ne la flater que le moins qu'il me sera possible.

Si ses traits sont peu radoucis,
Si l'on void des defauts avec de belles choses,
　Et si parmy tant d'œillets, & de roses
　　On y remarque des soucis,
　　Songez que le peintre est fidelle,
　　Qu'il a voulu peindre Isabelle
Et non pas vn fantosme agreable à vos yeux.

Vous sçavez Melisse que nostre Isabelle à la taille mediocre & grassette. Ses cheveux du plus beau noir, accompagnant merveilleusement la blancheur de son teint. Ses yeux sont noirs, grands, & bien fendus, & toûjours plus tristes que gays. Ses sourcils sont naturellement bien faits. Son nez n'a nul des defauts que l'on remarque ordinairement. Sa bouche n'est ny grande, ny petite; la lévre de dessous vn peu renversée, & assez colorée pour l'estre naturellement. Ses dents sont petites, bien rangées, & fort nettes, mais non pas extrêmement éclatantes. Sa gorge est vne de ses plus grandes beautez : elle est fort bien taillée, grasse, blanche & fort pleine : ceux qui se connoissent en proportions asseurent qu'elle a le col fort beau, & que cette colonne accompagne merveilleusement bien sa teste, & sa gorge. Ses mains sont assez belles, & ses bras potelez & blancs. Elle a vne beauté que peu de femmes possedent ; c'est la jambe, qu'elle a aussi bien faite qu'homme que je connoisse : je puis en parler sans scandale, puis qu'il vous souviendra, Melisse, que nous nous trouvasmes vn soir chez elle comme on la seignoit par le pied, où nous remarquasmes toutes les proportions qu'vne belle jambe, & qu'vn beau pied peuvent avoir.

Mon pinceau ne va pas plus loin,
Le genou seulement n'est pas de cette affaire,
Et cette Dame est si severe,
Qu'à moins que d'estre faux témoin,
Je ne puis employer parmy tant de matiere
La couleur de sa jarretiere.

Ainsi je ne parleray pas plus long temps de son corps, pour avoir le loisir de vous entretenir des diverses inclinations de son ame. l'oubliois a vous dire qu'Isabelle porte parfaitement bien les pieds, qu'elle a la démarche tout a fait noble, & vne certaine liberté dans toutes ses actions, qui marquent bien qu'elle est femme de qualité. Il est malaisé d'exprimer ce je ne sçay quoy, dans nostre langue; mais il me semble que les Italiens appellent cet agrément, *le fatezze*, & les Espagnols, *vn bel donayre*. Nous pouvons dire avec verité, qu'Isabelle a de l'esprit autant qu'on en peut avoir, & de cet esprit brillant, esprit du monde & de conversation : elle n'a jamais eu assez de patience ou d'application pour aprendre les choses curieuses; & l'on void bien que si elle en vouloit prendre la peine, elle y reüssiroit asseurément, ayant beaucoup de vivacité pour comprendre les choses les plus difficiles, beaucoup de memoire pour les retenir, & beaucoup de facilité & d'agrément pour les debiter : mais cette humeur negligente qu'elle a naturellement pour toutes les choses qui luy font de la peine, l'empesche de s'appliquer serieusement à ce qu'on ne peut aprendre qu'avec beaucoup de soin : elle n'entend ny l'Espagnol, ny l'Italien, mais elle parle fort bien sa langue naturelle, & escrit mesme en vers & en prose aussi corectement que les hommes les plus accomplis peuvent escrire. Elle est d'vn temperament bilieux & melancolique : le bilieux la porte a rechercher ardemment ce qu'elle desire; & le mélancolique à s'affliger demefurément, lors qu'elle a quelque fenfible affliction.

Le courage n'eſt pas ſa plus belle partie,
  Auſſi dit elle franchement
  Que dans le moindre evenement
  Sa valeur eſt toute amortie.

Elle n'eſt pas de ſon naturel médifante; mais lors qu'elle eſt avec ſes amis particuliers, elle les divertit volontiers par le reçit de pluſieurs agreables avantures, qu'elle debite ſi plaiſamment, que les perſonnes meſme de qui elle parle, ne ſçauroient s'en choquer, s'ils l'entendoient. Vous ſçavez, Meliſſe, qu'Iſabelle à la voix merveilleuſe, & nous pouvons dire avec certitude qu'il y a peu de femmes qui ayent vne ſi belle methode : elle ne grimace point en chantant, & prononce ſi bien toutes les paroles de ſes airs, qu'on les entend auſſi facilement, que lors qu'elle ne fait que parler. Son eſprit eſt le plus facile du monde, & le plus commode; ſon expreſſion naturelle & coulante ; & toutes les productions de ſon ame ſont extrémement libres : elle n'a nulle inclination pour les beaux habits, ny pour les grands équipages, quoy qu'elle ſoit d'vne qualité à avoir l'vn & l'autre. Elle n'a que trop de ſincerité, & prend ſouvent trop de confiance aux gens qu'elle ne connoiſt que ſuperficiellement.

PORTRAITS.

Elle a pour ses amis vne amitié fort tendre,
Elle les ayme constamment,
Mais ses heureux amis esprouvent bien souvent
Que son cœur ne se peut defendre
D'vn jaloux mouvement ;
Cette inquiette passion
Regne dedans sa fantaisie,
Et toûjours elle dit qu'vn cœur sans jalousie
Est vn cœur foible en inclination.

Aussi a t'elle pour ses ennemis toute la haine que l'on peut avoir, sans pourtant consentir qu'on leur fist nul outrage sanglant. Il n'y a personne qui esleve si fort les gens qu'elle aime, & qui en dise tant de bien ; ny personne aussi qui debite plus agreablement les defauts de ceux qu'elle n'a pas sujet d'aimer. L'ambition ne l'empesche point de dormir ; elle n'en a que pour passer sa vie en repos, & loin des grandeurs où cette passion reside. Elle a assez de curiosité pour toutes les choses qui se sçauent dans le monde, ou pour des nouvelles, ou pour des vers, & pour toutes les galanteries qui courent les ruelles. Ie ne la connois pas d'vn naturel ingrat ; du moins lors qu'elle croit avoir receu quelque service de ses amis, elle le dit à tout le monde, & chante continuellement leur generosité. Pour sa devotion, je la trouve vn peu intercadante, car nous l'avons veüe dans des actions de pieté si extraordinaires, qu'elle en a pensé perdre la vie : aussi a t'elle bien souvent de certaines secheresses, qui l'éloignent vn peu de la perfection : toûjours peut on assurer qu'elle a le cœur soûmis, & craignant Dieu ; mais il est plus ou moins ardant à son service, selon la grace qui l'accompagne.

Elle aime beaucoup le lit, & pour peu de pretexte qu'elle ait d'y faire du sejour, elle y passe volontiers les journées entieres. Elle employe peu de temps à s'ajuster, affectant vne negligence propre qui ne luy sied pas mal. Ie la crois d'humeur fort liberale, & n'ay jamais remarqué dans ses actions nulle tache d'avarice.

Telle à mes yeux a paru cette Dame,
Vous qui pouvez juger & du corps & de l'ame
 Iettez sur ce Portrait vos yeux,
Et si quelque couleur vous paroist vn peu sombre,
Si pour le rehausser il y manque quelque ombre,
Le peintre est toûjours prest à prendre le pinceau
 Pour en faire vn tout de nouveau.

PORTRAIT

PORTRAITS.

PORTRAIT D'AMARYLLIS.

Herchons pour peindre Amaryllis
Des fleurs nouvellement écloses,
Cueillons des œillets & des roses,
Meslons y quantité de lys,
Et rassemblons enfin toutes les
   belles choses

 Corail, rubis, perles, & fleurs,
Astres brillans, lumiere pure,
Riches tresors de la nature
Faites moy part de vos couleurs
Pour cette merveilleuse, & divine peinture.

Mais quel ambitieux defir
Dans un ſi haut deſſein m'engage ?
Ha! que dans un ſi grand ouvrage
J'aurois de gloire & de plaiſir,
Si ma force pouvoit égaler mon courage.

Ce peintre qui dans un tableau
Aſſembla tout ce qui peut plaire
Auroit paſſé pour témeraire
S'il euſt employé ſon pinceau
Au merveilleux Portrait que j'entreprens de faire.

Sa Venus avoit moins d'attraits
Moins d'agrément, & moins de grace,
Et quelque recit que l'on faſſe
De ſes beaux & fameux Portraits,
L'illuſtre Amaryllis en charmes la ſurpaſſe.

PORTRAITS.

Mais si ce Dieu que tous les jours
Elle fait vaincre dans le monde
En ce beau dessein me seconde,
Nous pourrons avec son secours
Peindre cette merveille en merveilles feconde.

Qu'il tire delicatement
Avecque sa fléche legere
Le tour des beaux yeux de sa mere,
Et ce rare & noble agrément
Que nul autre pinceau ne sçauroit jamais faire.

Qu'il prenne ce qui peut charmer,
Et retenir en son Empire,
Tout ce qui fait qu'on y soupire,
Ce qui tuë, & qui fait aimer,
Et ce je ne sçay quoy qu'on ne sçauroit bien dire.

DIVERS

Il faut de rubis pleins de feux
Former ses deux lévres vermeilles,
Et pour achever ses merveilles,
Mettre des perles entre-deux,
Telles que l'Orient n'en ait point de pareilles.

Pour les faire mieux découvrir
Faisons sa bouche à demy close,
Semblable au bouton d'une rose
Qui ne commence qu'à s'ouvrir,
Quand la mere du iour de ses pleurs les arrose.

Il faut faire son teint de lys
Beau comme celuy de l'Aurore,
Ou pareil à celuy de Flore,
Quand nos champs en sont embellis,
Et mesme, s'il se peut, plus éclatant encore.

PORTRAITS.

Que sur l'albâtre de son sein
Tombe negligemment en onde
Sa chevelure vagabonde,
Qui sans estude, & sans dessein
Dans les chaisnes d'Amour engage tout le monde.

Et vous Graces à vostre tour
Venez parer sa belle teste,
Comme on voit en un jour de feste
Celle de la Mere d'Amour,
Lors qu'elle se propose une grande conqueste.

Mais c'est en vain qu'à mon secours,
Pour rendre ses traits plus fidelles,
Avec les trois sœurs immortelles
J'appelle icy tous les Amours ;
Ils ne quittent jamais ce miracle des belles.

DIVERS

PORTRAIT
DE MADAME
DE CHASTILLON,
FAIT PAR ELLE MESME.

E peu de justice & de fidelité que je trouve dans le monde, fait que je ne puis me remettre à personne pour faire mon Portrait : de sorte que je veux moy mesme vous le donner le plus au naturel qu'il me sera possible, & dans la plus grande naïfveté qui fut jamais. C'est pourquoy je puis dire que j'ay la taille des plus belles, & des mieux faites que l'on puisse voir. Il n'y a rien

de si regulier, de si libre, ny de si aisé. Ma démarche est tout a fait agreable; & en toutes mes actions j'ay vn air infiniment spirituel. Mon visage est vne ovale des plus parfaites selon toutes les regles; mon front est vn peu élevé, ce qui sert à la regularité de l'ovale. Mes yeux sont bruns, fort brillans, & bien fendus; le regard en est fort doux, & plein de feu, & d'esprit. I'ay le nez assez bien fait : & pour la bouche, je puis dire que je l'ay non seulement belle, & bien colorée, mais infiniment agreable, par mille petites façons naturelles qu'on ne peut voir en nulle autre bouche. I'ay les dens fort belles, & bien rangées. I'ay vn fort joly petit menton. Ie n'ay pas le teint fort blanc. Mes cheveux sont d'vn chastain clair, & tout a fait lustrez. Ma gorge est plus belle, que laide. Pour les bras, & les mains, je ne m'en pique pas ; mais pour la peau, je l'ay fort douce, & fort déliée. On ne peut pas avoir la jambe, ny la cuisse mieux faite que je l'ay, ny le pied mieux tourné. I'ay l'humeur naturellement fort enjoüée, & vn peu railleuse ; mais je corrige cette inclination par la crainte de déplaire. I'ay beaucoup d'esprit, & j'entre agreablement dans les conversations. I'ay le ton de la voix tout-a-fait agreable, & l'air fort modeste. Ie suis fort sincere, & n'ay jamais manqué à mes amis. Ie n'ay pas vn esprit de bagatelle, ny de mille petites malices contre le prochain. I'aime la gloire & les belles actions. I'ay du cœur & de l'ambition. Ie suis fort sensible au bien & au mal : je ne me suis pourtant jamais vangée de celuy qu'on m'a fait, quoy que ce soit assez mon inclination; mais je me suis retenuë pour l'amour de moy mesme. I'ay l'humeur fort douce, & prens grand plaisir à servir mes amis, & ne crains rien tant que les petits démelez des ruelles, qui d'ordinaire ne vont qu'à des choses de rien. C'est à peu pres de cette sorte que je me trouve faite en ma personne, & en mon humeur; & je suis tellement satisfaite & de l'vne, & de l'autre, que je ne porte envie à qui que ce soit; ce qui fait que je laisse à mes amis, ou à mes ennemis, le soin de chercher mes defauts.

PORTRAIT

PORTRAIT DE LA REYNE,

PAR MADAME LA COMTESSE DE BRIENNE LA MERE.

L est permis aux grands peintres de prendre de grands desseins ; mais qu'vne personne qui n'a nul art, ny nulle estude, & qui n'a jamais tenu vn pinceau, entrepren- ne vn Portrait qui fe- roit craindre les plus habiles, c'est vne gran- de temerité. Ie ne nommeray point celle que je veux peindre ; je pretens de la faire connoistre

Ff

aisément; par ce qu'elle est seule semblable à elle-mesme, & je ne crois pas que l'on m'accuse de flaterie quand je diray qu'elle est vn des plus beaux ouvrages de la toute-puissance de Dieu. Aussi sans vn secours celeste il ne m'est pas possible de parler des perfections de son corps, ny des admirables qualitez de son ame.

Sa naissance est des plus grandes & des plus illustres, & les beautez de son corps font voir qu'il est formé du plus beau sang du monde. Ses yeux sont si brillans, & si pleins de feux qu'ils pourroient brusler tous ceux qui les oseroient regarder, si leur éclat estoit supportable. Sa bouche n'a point de pareille, par ce qu'elle est belle de ses seuls agrémens, sans autre affectation. Ses cheveux, la fraischeur de son visage, la blancheur de sa gorge, de ses bras & de ses mains, qui sont sans contredit les plus belles du monde, font voir que les années ne peuvent rien sur elle, car elle a toujours & en tout temps les beautez de la plus grande jeunesse. Son air est doux & agreable; & sa bonne grace en tout ce qu'elle fait, la fait juger digne de toutes les Couronnes de l'Vniuers. Dans son extrême douceur l'on ne laisse pas d'y remarquer vne majesté qui imprime le respect & la crainte; mais il me semble que sa bonté, qui est asseurément vne tres-parfaite image de celle de Dieu, la fait encore plus aimer. Tout ce que je viens de dire de son corps seroit bien peu de chose, si son ame n'estoit incomparablement plus belle : ainsi peut on dire qu'elle respond non seulement à tout ce qu'il y a de grand dans sa naissance, mais qu'elle est enrichie de toutes les vertus Chrestiennes, d'vne maniere qui ne me permet pas d'en parler ; son humilité me le defend, qui les cache autant qu'elle peut. Son cœur n'est tendre que pour Dieu, car il est naturellement fier & glorieux, & tres sensible aux choses qui s'opposent à ses volontez ; mais la vertu, & la grace ont si fort changé ses humeurs, qu'elle n'en a plus. L'on ne sçauroit connoistre si quelque chose luy déplaist ; dans les plus grands déplaisirs elle n'en fait rien paroistre : & il semble qu'elle soit incapable d'aucune passion. L'égalité de son esprit luy fait écouter les discours les plus importans, comme les plus agreables, bien qu'il soit tres-délicat, & tres éclairé. Rien n'est si ferme que sa resolution, je puis dire qu'elle est incomparable ; elle luy a fait surmonter des choses si difficiles, si surprenantes, & si peu suportables qu'elles effaceront vn jour, si l'on écrit fidellement l'histoire de sa vie, tout ce que l'on a dit de ces illustres Romaines. I'en pourrois donner plusieurs exemples ; mais c'est assez de dire que son cœur n'a jamais esté abbatu par aucune peine : bien qu'elle en ait souffert de toutes sortes, elles n'ont servi qu'à la sanctifier, & à la faire admirer de ceux qui ont vû qu'en tous les changemens de la fortune, l'envie avec toute sa rage n'a pû ébranler sa constance, ny l'empescher de conserver la grãdeur de ceux qu'elle y a élevez, l'on peut dire, avec justice, car elle a cette vertu par excellence, & d'vne maniere qui n'est propre qu'à elle, puis que jamais elle n'a esté trompée dans son jugement. Il est tellement dans la raison que son avis est toûjours le meilleur.

Ie ne sçay si j'ay reüssi dans mon dessein; mais je sçay bien qu'il me reste tant de choses à dire, dont je n'ay point encore parlé, que je confesse que je n'ay pas fait vn Portrait achevé, mais vn tres foible crayon d'vn si parfait original, & que rien ne m'a fait entreprendre ce grand ouvrage, que la passion que j'ay pour cette auguste personne, qui m'avoit persuadée que je pourrois la peindre, comme elle est dans mon cœur.

PORTRAITS. 229

PORTRAIT
DE MONSIEVR LE COMTE
DE BRIENNE
SECRETAIRE D'ESTAT,
FAIT PAR MADAME LA MARQVISE
DE GAMACHE SA FILLE.

E n'entreprendrois pas de donner au public le Portrait de Monsieur le Comte de Brienne, si je ne me souvenois qu'vne fille des siecles passez crût qu'elle ne pouuoit mieux rendre à son pere ce qu'elle luy devoit, qu'en faisant connoistre ses vertus à la posterité. I'avoüe que la mesme raison me porte à

faire la mefme chofe, & qu'il me femble que connoiffant auffi bien que je fais les belles qualitez de fon ame, je ferois tort à ma tendreffe, fi je ne les dépeignois dans vn temps où tout le monde fe mefle de dire ce que l'on trouve d'avantageux dans les perfonnes que l'on aime.

Les chofes extraordinaires doivent eftre auffi traitées d'vne maniere toute extraordinaire; c'eft pourquoy l'ouvrage que j'entreprens aura plutoft l'air d'vne hiftoire que d'vn Portrait : & comme c'eft les beautez de l'ame que je veux reprefenter, je me trouve bien empefchée, ny ayant ny couleurs ny paroles qui puiffent dépeindre celles dont je veux parler. Ie commence donc par l'enfance de Monfieur de Brienne, d'autant que c'eft dés ce temps là que l'on a jugé qu'il feroit vn des premiers hommes de fon fiecle. Le grand Roy dans le regne duquel il eft né, ayant beaucoup d'inclination pour luy, ordonna à fon pere qu'il honoroit particulierement de fes bonnes graces, de le faire eflever avec tant de foin, que l'art joint à la beauté de fon naturel le rendift capable de le fervir dans ce qui fe trouveroit de plus élevé. Il n'y a pas vne langue, pas vne couftume, ny vne façon de vivre qu'il ne fçache, & qu'il n'ait aprife dans les païs eftrangers. A fon retour de fes grands voyages, où il avoit pris foin de former fon efprit, il en eut vn pareil à apprendre toutes sortes d'exercices, qu'il sçeut parfaitement bien. Son estude fut vniverselle; & par sa lecture il s'est fait vne si forte idée des plus belles vies des hommes illustres de l'antiquité, qu'en verité je puis dire qu'il est quasi à cette heure le seul & vnique modele qui nous en reste : vous en conviendrez avec moy quand je vous auray dit que son ame est vne des plus belles qui ayent jamais esté crées; qu'il est intrepide dans les perils; que sa fermeté a assez paru dans sa mauvaise fortune, comme sa moderation dans la bonne, & sa generosité à proteger ses plus grands ennemis; qu'il est si remply de l'amour de la justice, qu'il la rend toûjours, & la conserve contre ses interests propres. Le respect pour ses maistres, & sa passion pour le bien & la grandeur de l'Estat, est ce que l'on peut dire sa passion dominante : & bien qu'il soit extremement tendre pour sa famille, je suis asseurée qu'il ne me desavoüera pas quand je diray qu'il la sacrificroit avec plus de joye pour le service de son Prince, que n'ont jamais fait les plus grands des Romains. Pas vn d'eux n'a pû avoir en soy-mesme, ny tant de fierté, ny tant de vraye gloire qu'il en a : elle paroist dans toutes les occasions qui s'offrent; la grace seule les modere, car il semble que les vertus Chrestiennes soient toutes assemblées en sa personne. Il est surprenant qu'ayant vieilly dans la Cour, il n'ait pû s'y corrompre, ny jamais plier à la fortune; aussi a-t-il toûjours marché d'vn pas égal, faisant plaisir à tout le monde, & estant inébranlable dans son devoir : & par cette conduite il s'est acquis l'estime & l'admiration d'vn chacun, dedans & dehors le Royaume. Il ne suruient rien d'extraordinaire, ou l'on ne soit obligé d'aller à luy ; en sorte que ses opinions font ordinairement la regle de ce qui se doit faire : & la vivacité de son esprit fait qu'il ne manque jamais d'expediens dans les rencontres, où sa grande memoire luy fournit des exemples qui autorisent ses resolutions. L'on ne doit pas estre surpris si tant de grandes choses se rencontrent en vn homme d'vne taille mediocre ; mais ceux qui sçavent l'histoire mieux que moy, se souviendront s'il leur plaist qu'elle n'est remplie que de personnes assez petites, qui ne laissent pas neantmoins de paroistre au dessus des autres par la grandeur de leur merite. Il a cet avantage, qu'il est fort bien fait, qu'il est agreable, & à tout ce qu'il dit, & en toutes ses actions. Ie m'aperçois que le plaisir que je prens à parler de luy m'emporte trop loin, puisque je m'arreste à raconter des choses de si petite consequence, apres en avoir dit vn nombre infiny de si rares. I'en demande pardon à ceux qui liront ce papier, & je les suplie de considerer

qu'il

qu'il m'eſt ſi glorieux d'eſtre ſa Fille, que ne pouvant luy témoigner ma reconnoiſſance des bontez qu'il a pour moy, je ſuis ravie de donner aux autres cette marque de mon reſpect pour luy, & de mon admiration pour ſes vertus.

Gg

DIVERS

PORTRAIT
DE MADAME LA COMTESSE
DE BRIENNE
LA MERE,

FAIT PAR MADAME LA MARQVISE
DE GAMACHE, SA FILLE.

LVS les personnes sont illustres, plus elles sont cheries dans leur famille, & plus on veut avoir de leurs Portraits. Ainsi bien que le plus grand peintre de nostre siecle ait travaillé à faire le vostre, & qu'il y ait reüssi d'vne maniere digne de luy, & de vous ; trouvez bon, s'il vous

PORTRAITS.

plaift, Madame, qu'vn tres petit prenne le pinceau, & que, foit pour faire vne copie, foit pour faire vn original, il fe donne à luy mefme le plaifir de vous reprefenter felon fon idée.

Comme c'eft la couftume de parler des perfonnes, avant que de parler des qualitez de l'ame, je la fuivray pour ne rien changer de l'ordre eftably par les peintres les plus fameux, & je diray que devant voftre petite verole, vous eftiez vne des plus belles du temps. Vos yeux vifs & paffionnez, la fineffe & la blancheur de voftre peau, le plus beau nez qui ait jamais efté, nous font bien juger que fans cet accident, il n'y auroit rien dans le monde de plus beau que vous. Voftre air doux & attirant nous fait connoiftre que vous avez toûjours efté infiniment aimable, & que vos belles mains eftoient dignes de porter tous les Sceptres de ces grands Empereurs dont vous eftes defcenduë. La grandeur & la bonté de voftre ame, la grandeur & la delicateffe de voftre efprit, la force & la generofité de voftre courage attirent en verité l'admiration de tous ceux qui les connoiffent. La douceur avec laquelle vous pardonnez fi volontiers les offences les plus fenfibles, me conduiroient fans y penfer à traiter de toutes les vertus Chreftiennes qui font en vous; mais cet illuftre peintre les a touchées fi delicatement, avec tant d'art, & avec tant d'éloquence que j'aurois fujet de craindre que les chofes que j'écrirois ne puffent pas mefmes fervir d'ombres, pour relever l'éclat de fon tableau. Ie me contenteray donc de dire, que n'y ayant rien qui ne foit veritable, je ne doute point que ce ne foit vne des plus fortes pieces, fur lefquelles vn jour fera fondée la Bulle de voftre canonifation: mais puifque je me fuis impofé la neceffité de ne point parler des effets que la grace produit en vous, ny de ce grand nombre d'actions heroïques que vous exercez fans ceffe envers le prochain, quel moyen que je vous puiffe faire reconnoiftre eftant contrainte de paffer par deffus les feuls traits qui vous diftinguent des autres?

Ie ne fçay fi vous ne me trouverez pas bien folle de m'occuper à cet art que je n'ay j'amais apris; mais les heures de ma recreation ne peuvent eftre mieux employées qu'à chercher le moyen de vous en donner. Si je reüffis dans ce deffein je me croiray fort heureufe, n'y ayant cherché qu'à vous plaire.

PORTRAITS. 237

PORTRAIT
DE
LA REYNE,

FAIT EN M. DC. LVIII.

PAR MADAME DE MOTEVILLE,
NIECE DE Mʳ BERTAVT EVESQVE DE SEES.

L'on pourra voir par cet ouvrage qu'elle a autant d'e-
sprit que luy ; & qu'elle écrit aussi bien en
prose, qu'il a fait en vers.

A mode authorise toutes choses, elle range tous les peuples sous ses loix, & nostre Cour la suit ordinairement plus aveuglément qu'aucune de l'Europe. Vne grande Princesse, de celles qui par leur naissance & leur merite y tiennent le premier rang,

ayant fait vne description tres éloquente de sa personne, de ses mœurs, & de ses sentimens, plusieurs autres ont suivy son exemple. Mais comme il n'est pas avantageux à tout le monde de paroistre en public, & que les mediocres vertus reçoivent peu d'aplaudissement sur le theatre; beaucoup de ceux & de celles qui ont voulu representer leurs caracteres, ont esté contrains de prendre dans l'amour qu'ils ont pour eux mesmes tout ce que la nature leur a dénié. Ils embellissent ce qu'ils ont de bon; ils adoucissent leurs defauts en leur donnant des explications favorables; & jusques à cette heure je n'ay gueres vû de ces Portraits, par lesquels il me fust facile de reconnoistre l'original. Ie croy que je pourrois mentir en ma faveur comme les autres; & j'ose dire qu'il ne me seroit pas impossible de trouver en moy quelque chose de loüable : mais comme je suis naturellement fort sincere, & que le fard m'a toûjours déplû, je sçay aussi que si je voulois parler de ma personne, & foüiller dans mon cœur avec cette verité que je revere si fort, j'y trouverois tant de choses qui me pourroient déplaire, que je serois sans doute faschée de me voir reduite à cette extrêmité de faire de moy mesme vn Portrait de mediocre valeur. C'est pour cela que dédaignant les sujets qui n'ont rien que de commun, je veux chercher sur le Thrône vne personne qui soit digne de mes loüanges, & publier ce que je fçay de la premiere & de la plus grande Reyne du monde. Ie ne veux eftre peintre que pour elle ; & j'efpere qu'ayant l'honneur de la connoiftre depuis mon enfance, & de m'eftre toute ma vie fort apliquée à cette étude, je pourray penetrer plus avant dans fon ame, que de plus habiles que moy ne pourroient faire.

LA REYNE par fa naiffance n'a rien qui l'égale : fes Ayeuls ont tous efté de grands Monarques ; & parmy eux, nous en voyons qui ont afpiré à la Monarchie vniverfelle. La nature luy a donné de belles inclinations. Ses fentimens font tous nobles ; elle a l'ame pleine de douceur, & de fermeté ; & quoy que ce ne foit pas mon deffein en parlant d'exaggerer fes bonnes qualitez, je puis dire en general qu'il y a des chofes en elle qui la peuvent faire égaler les plus grandes Reynes de l'antiquité.

Elle eft grande & bien faite ; elle a vne mine douce & majeftueufe, qui ne manque jamais d'infpirer dans l'ame de ceux qui la voyent l'amour & le refpect : elle a efté l'vne des plus grandes beautez de fon fiecle ; & prefentement il luy en refte affez pour en effacer de jeunes qui pretendent avoir des attraits. Ses yeux font parfaitement beaux ; le doux & le grave s'y meflent agreablement ; leur puiffance a efté fatale à beaucoup d'illuftres particuliers ; & des nations toutes entieres ont fenty à leur dommage quel pouvoir ils ont eu sur les hommes. Sa bouche, quoy que d'vne maniere fort innocente, a esté complice de tous les maux que ses yeux ont faits : elle est petite & vermeille ; & la nature luy a esté liberale de toutes les graces dont elle avoit besoin pour estre toute parfaite. Par vn de ses souris, elle peut acquerir mille cœurs ; ses ennemis mesme ne peuvent resister à ses charmes ; & nous avons vû souvent beaucoup de ces personnes, à qui l'ambition ostoit la raison, nous avoüer que la Reyne se faisoit aimer par eux, lors mesme qu'ils avoient le plus de dessein de manquer à leur devoir. Ses cheveux sont beaux ; & leur couleur est d'vn beau chastein clair : elle en a beaucoup, & il n'y a rien de plus agreable que de la voir peigner. Ses mains qui ont receu des loüanges de toute l'Europe, qui sont faites pour le plaisir des yeux, pour porter vn Sceptre, & pour estre admirées, joignent l'adresse avec l'extrême blancheur ; si bien qu'on peut dire que les spectateurs sont toûjours ravis, quand cette grande Reyne se fait voir, ou à sa toilette en s'habillant, ou à table quand elle prend ses repas.

 Sa gorge est belle & bien faite ; & ceux qui aiment à voir ce qui est beau, ont sujet de se plaindre du soin que la Reyne prend de la cacher, si le motif qui le luy fait faire, ne les forçoit d'estimer ce qui s'oppose à leur plaisir. Toute sa peau est d'vne égale blancheur, & d'vne delicatesse qui
certainement

certainement ne fe fçauroit jamais affez loüer. Son teint n'eft pas de mefme, il n'eft pas fi beau, & la negligence qu'elle a pour fa confervation, ne mettant quafi jamais de mafque, ne contribuë pas à l'embellir. Son nez n'eft pas fi parfait que les autres traits de fon vifage ; il eft gros, mais cette groffeur ne fied pas mal avec de grands yeux ; & il me femble que s'il diminuë fa beauté, il contribuë du moins à luy rendre le vifage plus grave. Toute fa perfonne pourroit enfin meriter de grandes loüanges, mais je crains d'offencer fa modeftie, & la mienne, fi j'en parlois davantage; c'eft pourquoy je n'ofe pas feulement dire qu'elle a le pied fort beau, petit, & fort bien fait.

Elle n'eft pas efclave de la mode, mais elle s'habille bien. Elle eft propre & fort nette : on peut dire mefme qu'elle eft curieufe des belles chofes, & c'eft fans affectation extraordinaire : & beaucoup de Dames dans Paris font plus de defpenfe fur leur perfonne, que la Reyne n'en fait : l'habitude, & non la vanité fait fon ajuftement; & l'honnefte ornement luy plaift, par ce que naturellement elle aime à eftre bien, autant dans la folitude, qu'au milieu de la Cour.

Comme Dieu eft noftre principe, & noftre fin, & qu'vne Reyne Chreftienne ne doit eftre eftimée que felon la mefure de la vertu qui eft en elle, il eft jufte de commencer à parler de

Hh

ses mœurs par la pieté qui paroist vn des principaux ornemens de cette auguste Princesse. Elle a certainement vn grand respect pour la Loy de Dieu; & son desir seroit de la voir bien establie dans le cœur de tous les François. Dans sa plus grande jeunesse elle a donné des marques de devotion & de charité, car dés ce temps là ceux qui ont eu l'honneur de la servir ont toûjours remarqué qu'elle estoit charitable,& qu'elle aimoit à secourir les pauvres. Les vertus avec les années se sont fortifiées en elle, & nous la voyons sans relasche prier & donner. Elle est infatigable dans l'exercice de ses devotions; les voyages, les maladies, les veilles, les chagrins, les divertissemens ny les affaires ne luy ont pû jamais faire interrompre les heures de sa retraite, & de ses prieres. Elle a vne confiance en Dieu qui est extraordinaire; & cette confiance luy a sans doute attiré sur elle beaucoup de graces & de benedictions. Elle est exacte à l'observation des jours de jeusne, & je luy ay souvent oüy dire sur ce sujet que les Roys doivent obeïr aux commandemens de Dieu & de l'Eglise plus ponctuellement que les autres Chrestiens; par ce qu'ils estoient obligez de servir d'exemple à leur peuples. Elle a beaucoup de zele pour la Religion, beaucoup de respect pour le Pape. Elle communie souvent, elle revere les Reliques des Saints, elle est devote à la Vierge, & pratique souvent dans ses besoins les vœux, les presens, & les neuvaines par lesquelles les fideles esperent obtenir des graces du Ciel. On entre aisément dans son cœur par la bonne opinion qu'elle prend de la pieté de certaines gens, & bien souvent je l'ay soupçonnée d'avoir esté trompée par la facilité qu'elle a à reverer la vertu. Ceux qui se conservent dans son estime ont le pouvoir de luy parler fort librement sur toutes les choses qui regardent son devoir, & sa conscience : elle reçoit toûjours leur avis avec soumission & douceur ; & les Predicateurs les plus severes sont ceux qu'elle écoute le plus volontiers. Son Oratoire est le lieu où elle se plaist le plus, elle y passe beaucoup d'heures du jour ; & toutefois selon ce que je luy ay oüy dire d'elle mesme avec humilité, elle veut bien qu'on croye qu'elle n'a pas encor ce zele parfait qui fait les Saints, & qui fait mourir le Chrestien à soy, pour vivre seulement à Dieu, & pour Dieu ; mais il semble, veu les grandes & saintes dispositions de son ame, qu'elle soit destinée à cette derniere perfection.

La vertu de la Reyne est solide, & sans façon : elle est modeste, sans estre choquée de l'innocente gayeté ; & son exemplaire pureté pourroit servir d'exemple à toutes les autres femmes. Elle croit facilement le bien, & n'écoute pas volontiers le mal. Les médisans & raporteurs ne font sur son esprit nulle forte impression, & quand vne fois elle est bien persuadée en faveur des gens, il est difficile de les destruire auprés d'elle. Elle a l'esprit galant ; & à l'exemple de l'Infante Clara Eugenia, elle gousteroit fort cette belle galanterie, qui sans blesser la vertu est capable d'embellir la Cour. Elle desaprouve infiniment la maniere rude & incivile du temps present ; & si les jeunes gens de ce siecle suivoient ses maximes, ils seroient plus gens de bien, & plus polis qu'ils ne sont.

Elle est douce, affable, & familiere avec tous ceux qui l'approchent, & qui ont l'honneur de la servir. Sa bonté la convie de souffrir les petits comme les grands, & sans manquer de discernement, cette bonté est cause qu'elle entre en conversation avec beaucoup de personnes fort indignes de son entretien : cela va mesmes jusques à luy faire tort ; & je vois bien quelquefois que les personnes de merite par ces apparences pourroient craindre qu'elle ne mist quelque égalité entre les honnestes gens, & les sots ; mais je suis persuadée de cette verité, que la Reyne en cette occasion donne aux sages par estime & par raison, ce qu'elle donne aux autres par pitié, & par ce que naturellement elle ne sçauroit faire de rudesse à qui que ce soit ; & quand cela luy arrive, il faut que de grandes choses l'y forcent. Ce temperament de douceur n'empesche point qu'elle ne soit glorieuse, & qu'elle ne discerne fort bien ceux qui font leur devoir, en luy rendant ce qui luy est dû, d'avec ceux qui luy manquent de respect, ou faute de connoissance, ou pour suivre la coustume qui presentement veut le desordre en toutes choses.

Elle a beaucoup d'esprit; ce qu'elle en a est tout a fait naturel. Elle parle bien: sa conversation est agreable : elle entend raillerie ; ne prend jamais rien de travers, & les conversations délicates & spirituelles luy donnent du plaisir. Elle juge toûjours des choses serieuses selon la raison & le bon sens, & dans les affaires elle prend toûjours par lumiere le party de l'équité & de la justice : mais elle est paresseuse; elle n'a point lû ; cela toutesfois ne la déluftre point, par ce que le grand commerce que la Reyne a eu avec les premiers de son siecle, la grande connoissance qu'elle a du monde, & la longue experience des affaires, & de l'intrigue de la Cour, où elle a toûjours eu vne grande part, ont tout a fait reparé ce qui pourroit luy manquer du costé des livres; & si elle ignore l'histoire de Pharamond & de Charlemagne, en recompense elle sçait fort bien celle de son temps.

Dans sa jeunesse, tous les honnestes plaisirs qui pouvoient estre permis à vne grande Reyne, ont eu beaucoup de charmes pour elle; presentement elle en a perdu le goust. Ses inclinations sont conformes à la raison, & la complaisance luy fait faire fur ce chapitre beaucoup de chofes, qu'elle ne feroit pas fi elle fuivoit fes fentimens. Le theatre n'a plus d'autre agrément pour elle que celuy de complaire au Roy, qui par la tendreffe qu'il a pour elle, prend vn fingulier plaifir à eftre en fa compagnie ; & toute la France la doit remercier de cette condefcendance, puifque nous devons toûjours voir avec joye vne telle mere avec vn tel fils. Elle aime prefentement le jeu, & y donne quelques heures du jour. Ceux qui ont l'honneur de joüer avec elle, difent qu'elle joüe en Reyne, fans paffion, & fans empreffement pour le gain.

La Reyne eft de mefme fort indifferente pour la grandeur & la domination. Sa naiffance la élevée tout d'vn coup ; elle tient tout le refte indigne de fes defirs, & jamais les defauts de Catherine de Medicis ne feront les fiens. Cette grande Reyne n'a pas le mefme fentiment fur l'amitié ; elle aime peu de perfonnes, mais celles à qui elle donne quelque part en l'honneur de fes bonnes graces, fe peuvent vanter d'eftre fortement aimées. Noftre fexe a eu cet avantage de luy avoir donné dans fa jeuneffe des favorites qui ont occupé fon cœur par vn attachement fort grand & fort fenfible. La mort du Roy fon mary luy ayant donné par fa Regence vn Sceptre à fouftenir, elle a efté obligée de donner fon amitié à vne perfonne dont la capacité la pûft foulager, & dans laquelle elle pûst rencontrer le conseil avec la fidelité, & les services avec la douceur de la confiance. Dans tous ses differens chois, & particulierement par le dernier, elle a fait voir à toute la terre combien elle aime noblement, & que son cœur n'est capable d'aucune foiblesse, ny d'aucun changement, quand vne fois elle est persuadée qu'elle fait ce qu'elle doit faire. Selon ce que je dis, il semble que la Reyne estoit née pour rendre par son amitié le feu Roy son mary le plus heureux mary du monde; & certainement il l'auroit esté, s'il avoit voulu l'estre, mais cette fatalité qui separe quasi toûjours les cœurs des Souverains, ayant éloigné de la Reyne celuy du Roy; l'amour qu'elle n'a pû donner à ce Prince, elle le donne à ses enfans, & particulierement au Roy son fils, qu'elle aime passionnément: le reste des personnes qui ont l'honneur de l'approcher ne sçauroient sans presomption, & sans vne vanité bien mal fondée se vanter d'estre aimez d'elle: ce bien n'est reservé que pour les éleus; mais elle les traite bien; & toutes, chacune selon leur merite, en reçoivent vn assez favorable accueil, pour les obliger à vne grande fidelité à son service, & à beaucoup de reconnoissance envers elle. Sa bonté en cette occasion tient la place de la tendresse, dont elle ne fait pas vne fort grande profusion aux pauvres mortels; mais les choses qui viennent d'elle, &

qui en ont seulement quelques apparences, sont d'vn prix inestimable, tant par leur rareté, que par l'excellence de la personne de qui on les reçoit. Si elle n'est pas si tendre pour ceux qui ont l'honneur de l'approcher, elle est seure & secrette à ceux qui se confient en elle. Son procedé est honneste & obligeant. Du costé de la fidelité elle se renferme dans les mesmes bornes que les particuliers. Elle entre dans les chagrins de ceux qui souffrent. Ceux pour qui elle a de la bonne volonté trouvent en sa douceur de la consolation ; & ses oreilles paroissent si attentives au soulagement des miserables, qu'il semble que son cœur tout indifferent qu'il est, y prend aussi quelque part. Il me paroist qu'elle n'est pas assez touchée de l'amitié qu'on a pour elle : mais comme les Roys entendent de tous vn mesme langage, & qu'il est difficile de discerner la verité d'avec le mensonge & l'artifice, il est assez excusable, & mesme selon la raison, de ne se pas laisser aisément persuader sur vne chose qui de sa nature est fort trompeuse. Elle hayt ses ennemis de la mesme façon qu'elle aime ses premiers amis. Par son inclination elle se vangeroit volontiers : elle seroit capable de porter bien loin ses ressentimens, mais la raison, & sa conscience la retiennent, & souvent je luy ay oüy dire qu'elle a peine à se vaincre là dessus. Elle se met rarement en colere : sa passion ne la domine pas ; elle n'éclatte clate par aucun bruit indecent à vne Princeſſe, qui commandant vn Royaume, doit ſe commander elle meſme ; mais il y paroiſt à ſes yeux, & quelques fois elle en a donné quelques marques par ſes paroles : de ma connoiſſance elle n'en a jamais eſté vivement touchée; que pour les intereſts de la Couronne, contre les ennemis de l'Eſtat, & du Roy ſon Fils ; & par conſequent je puis dire ne l'avoir veüe en cet eſtat, que par des ſentimens dignes de loüange.

La Reyne eſt naturellement liberale, elle eſt capable de donner avec profuſion, & en beaucoup d'occaſions elle en a donné des marques. Elle n'eſt jamais incommodée de ceux qui luy demandent du ſecours dans leurs neceſſitez; & ce qu'elle leur donne, elle le donne avec joye: mais comme elle neglige les richeſſes pour elle meſme, elle neglige ainſi d'en donner aux autres. Vne des plus belles qualitez que j'aye reconnuës en la Reyne, c'eſt la fermeté de ſon ame : elle ne s'eſtonne point des grands perils; les choſes les plus douloureuſes, & qui ont le plus agité ſon ame, n'ont pû apporter du trouble ſur ſon viſage, & ne luy ont jamais fait manquer à cette grauité qui ſied ſi bien aux perſonnes qui portent la Couronne. Elle eſt intrepide dans les grandes occaſions ; & la mort, ny le malheur ne luy font point de peur : elle ſoutient ſon opinion sans se relascher, quand vne fois elle la croit bonne ; & sa fermeté va au delà des raisons que la politique fait dire aux personnes passionnées : de là procede qu'elle ne s'estonne point des discours du vulgaire : elle trouue dans son innocence & dans sa vertu, sa seureté & sa consolation ; & pendant que la guerre civile a fait contre elle, ce que la malice & l'envie ont de coustume de produire, elle a fort méprisé toutes leurs attaques. Elle est toûjours égale en toutes les actions de sa vie : toutes ses années & ses journées se ressemblent : elle obserue continuellement vne mesme regle, & nous l'avons toûjours vû faire les mesmes choses, soit dans ce qu'elle rend à Dieu par devoir, où ce qu'elle donne au monde par complaisance. Elle est tranquille, & vit sans inquietude ; elle ne puise ny dans le passé, ny dans l'avenir aucun souvenir, ny aucune crainte qui puisse troubler son repos : elle pense seulement selon le conseil de l'Evangile & l'avis des Philosophes à passer sa journée, goustant avec douceur le bien qu'elle y trouve, sans se plaindre du mal qu'elle y rencontre. La pensée de la mort ne l'estonne point ; elle la regarde venir, sans murmurer contre sa fatale puissance ; & il est à croire qu'apres vne fort longue vie, elle recevra cette affreuse ennemie des hommes avec vne grande paix. Ie souhaite que cela soit ainsi,

& qu'alors les Anges en reçoivent autant de joye, que les hommes auront sujet d'en ressentir de tristesse.

Ii 2

DIVERS

PORTRAIT
DE MADAME LA DVCHESSE
D'ESPERNON,
SOVS LE NOM DE SYLVANIRE,

FAIT PAR MADAME DE CHOISY.

PRES avoir examiné toutes les choses capables de me divertir dans ma solitude, je n'en ay point trouvé qui me puſt eſtre plus agreable que de travailler au Portrait de la bergere Sylvanire ; mais comme c'eſt mon coup-d'eſſay, ſi vous ne le trouvez pas parfaitement reſſemblant, regardez le du coſté de l'amitié que

j'ay pour elle, & n'y recherchez point la perfection de l'art. Auant que de commencer il est bon que vous sçachiez le talent particulier que les Dieux m'ont donné, qui est que l'amitié que j'ay pour les gens m'éclaire, & ne m'aueugle jamais : de sorte que je vois tout ce qui se peut voir dans les personnes que j'aime.

La Bergere que je vous veux dépeindre est de taille mediocre, plus grande que petite ; si bien proportionnée, que jamais personne n'a eu vn si bon air, ny meilleure grace en tout ce qu'elle fait. Elle a le tour du visage admirable, & sans estre fort belle, les Espagnols pourroient dire d'elle qu'elle a le je ne sçay quoy. Ses yeux ne sont ny grands ny petits, mais assez doux. Son nez est fort bien fait. Sa bouche n'est point fort petite, mais elle est incarnate, & les lévres fort vnies. Elle a les bras fort beaux, & les mains bien faites, & fort nobles. Quant aux qualitez de son ame, il semble que ce soit pour elle que soit fait ce vers de Voiture :

Son cœur de Reyne, & sa grande bonté
Et l'on peut ajouster que les Reynes qui auroient le cœur fait comme elle, meriteroient sans doute les Autels, qu'on leur dresse quelque fois auec iniustice.

Cette illustre Bergere est née courageuse sans temerité, hardie sans insolence, & bien-faisante sans vanité ; aimant à faire du bien, & si sa fortune respondoit à son inclination, elle respandroit de grandes benedictions sur tout ce qui l'environne. Elle est fiere, mutine, & assez aisée à fâcher, paroissant à l'exterieur plus douce qu'elle n'est en effet ; fort indifferente pour toutes les choses qui ne la touchent point, s'ennuyant quasi de tout ce qui divertit les autres ; ce qui me fait prévoir que l'avenir luy prepare ou vn grand calme dans la devotion, ou des chagrins insupportables dans la vieillesse : mais comme elle a toûjours servi Dieu, j'espere qu'il ne l'abandonnera pas. Elle est assez fine ; mais si éloignée de tromper personne, que cela la met en estat de pouvoir estre trompée, jugeant de la probité des autres par la sienne. Elle n'est pas assez défiante, & j'ay remarqué dans sa vie que qui la veut tromper, le fait assez facilement. Elle n'aime nullement que l'on se mesle de ses affaires, aussi n'aime t'elle pas à se mesler de celles des autres. Elle est si liberale que je craindrois pour elle, si elle pouvoit disposer de son bien, qu'elle n'en vsast comme les Capucins qui ne gardent rien pour le lendemain. Elle est naturellement la meilleure, & la plus vigoureuse amie du monde ; & s'il arrive qu'elle n'en donne pas des preuves éclatantes à ses amies, il faut necessairement croire qu'elle a esté corrompuë par quelque méchant conseil. Sa pente naturelle estant telle, que ses amies n'ont rien à y souhaiter de plus genereux, ny de plus fidele. Enfin la Bergere estoit digne d'vne meilleure fortune que n'est la sienne.

DIVERS

PORTRAIT
DE MADAME
DE CHOISY,
SOVS LE NOM DE
LA CHARMANTE EXILE'E,
FAIT PAR MADEMOISELLE
LE SECOND IOVR D'OCTOBRE
M. DC. LVIII.

'AVOIS toûjours hefité à faire voſtre Portrait, car il y a tant de bien à dire, qu'eſtant dans le milieu de Paris tenant voſtre cour compoſée des plus grands Princes & Princeſſes qui ſoient au monde, & de tout ce qu'il y a de plus honneſtes gens de tout ſexe, l'on auroit

auroit crû fans doute que je ne me ferois pas contentée de vous la faire par mes vifites, mais que je voulois encore vous la faire par mes écrits : je penfe que l'on n'aura point ce foupçon de moy, fi je le fais maintenant que vous eftes exilée, & que c'eft vn eftat auquel on cherche peu à plaire aux gens, & où l'on ne fe preffe gueres à donner de l'encens. Ie croy mefme que la vapeur n'en fentiroit rien, & que le feu ne voudroit pas brufler. Ainfi pour monftrer que mes fentimens font plus purs & plus échauffez pour vous, que l'élement de tous qui l'eft davantage, j'ay efté bien aife de prendre ce temps pour faire voftre Portrait, dans lequel je parleray de vous fans flaterie; & j'y mettray tout ce que je connois de bien & de mal en vous, avec autant de franchife & de fincerité, que j'ay fait dans le mien propre.

Ie ne diray pas comme Madame de Bregis, que vous avez le nez d'vne jufte proportion, mais je diray bien que je le trouve beau, car j'aime fort les grands nez ; & la raifon s'en voit en me regardant, fans que je le die. Voftre teint eft fort vny, il eft auffi blanc, & auffi vif qu'vne brune le peut avoir, auffi bien que voftre bouche qui eftoit d'agreable forme, avant que vos incommoditez euffent terny la couleur de l'vn & de l'autre. Vos cheveux font d'vn fort beau noir ; & l'on ne vous peut voir fans dire que vous avez esté la plus belle, & la plus agreable brune de noftre fiecle. I'ay ouy dire que la Reyne le jugeoit ainfi, & qu'elle difoit que vous danciez parfaitement bien; ce que je crois malaifément, par ce que vous aimez peu à marcher, & pour bien danfer il faut bien marcher. Pour voftre gorge, vos bras & vos mains, je ne les ay veus que depuis vos maladies; mais leur blancheur me fait croire qu'il n'y manque que de la graiffe, & que quand vous en aviez tout cela eftoit beau. Voftre taille eft de celles fur lefquelles il n'y a rien à dire, n'eftant ny belle ny laide. Mais venons à voftre efprit, car vous l'aimez beaucoup mieux que voftre corps : vous l'avez vif, brillant & agreable plus que perfonne que je connoiffe: vous parlez bien, delicatement & jufte : perfonne ne fait plus galamment, ny plus plaifamment vn recit que vous : vous avez vn grand charme pour la converfation, quoy que vous ne foyez ny railleufe ny médifante. Iamais perfonne n'a decidé avec tant d'authorité fur toutes chofes,& fur toute forte de gens que vous; je ne diray pas fi c'eft toûjours à propos, car vous fçavez qu'il n'y a point de regles fi generales qui n'ayent leurs exceptions: ainfi je penfe que pour dire la verité, ceux de qui vous decidez avantageufement loüent non feulement voftre efprit, mais encores voftre jugement; mais ceux pour qui vos decifions ne font pas favorables, ne parlent que de voſtre vivacité. Vous eſtes charitable aux pauvres; excitez vos amis de l'eſtre. Vous n'eſtes pas chiche de donner de bons conſeils ſur la devotion, & de faire des Sermons avec beaucoup d'éloquence; ils profitent à ceux qui y ſont diſpoſez, & ſont inutiles aux autres ; mais ceux de S. Auguſtin font le meſme effet, quoy qu'ils ſoient meilleurs, quand ils ne trouvent pas la matiere preſte ; & c'eſt Dieu qui eſtant l'autheur de tout, forme les choſes comme il luy plaiſt. Cette meſme raiſon eſt à donner à ceux qui diroient que vous preſchez, & ne pratiquez pas; car entre nous vous ne faites pas tout ce que vous dites. Vous voulez eſtre devote, mais aparemment l'heure n'eſt point venuë, puiſque vous ne l'eſtes pas, & la grace n'eſt pas la dominante en vous : le jeu eſt vne paſſion ſi grande qu'elle pourroit quelquefois luy tenir teſte, car vous m'avoüerez qu'il a vn grand pouvoir ſur vous, & vous ſçavez bien ce que j'en ay toûjours dit. Vous aimez le monde furieuſement, & les gens choiſis; les fâcheux vous ſont inſuportables, & ſi vous ne faites penitence en ce monde, je ne doute pas qu'en l'autre vous ne ſoyez quelques années avec tous les fâcheux & les fâcheuſes de Purgatoire, ſi ce n'eſt que le ſejour de Balleroy & les nobles de la Province ny ſuppléent ; ainſi les divinitez de ce monde, d'accord avec celles de l'autre, auront commué voſtre peine. Voicy vn Portrait où il y a bien des perspectives & des lointains ; mais comme je l'envoye à la campagne, lon peut croire que ce sera pour mettre sur quelque cheminée, ou dans quelque galerie. Vous aimez à parler, comme j'ay desia dit, quoy que vous soyez melancolique, vostre temperament l'estant au dernier point. Vous avez beaucoup d'amis, & vous en croyez avoir encore davantage : ce n'est pas que vous ne soyez fort défiante & fine, mais c'est que vous avez bonne opinion de vous. Vous avez assez de vanité & de presomption, mais cela est bien fondé à ma fantaisie. Vous aimez que l'on fasse cas de vous. Ie ne sçay si vous estes intriguante, & si vous vous mesleriez volontiers de choses au dessus de vos forces, car je me défie tant des miennes, que je ne les croirois pas capables de pouvoir juger sur vne matiere si delicate, & dans vne telle conjoncture où je ne voudrois pas vous blasmer, & ou je ne voudrois pas aussi démentir des gens a qui ie dois toute sorte de respect ; ainsi je n'en diray rien, c'est assez d'avoir tiré l'épée vne fois contre eux ; & mesme trop. Pour la galanterie, vous l'aimez fort aux Messieurs, pour aux Dames, je vous en ay vû blâmer quantité : de dire si vous l'avez aimée pour vous, je n'en sçay rien, ne vous ayant connuë qu'en vn temps où vous ne l'aimiez pas. Ie pense que voila vn fort beau Portrait, & il ne s'en trouvera pas vn qui traite de plus de choses.

PORTRAITS.

D'ordinaire les peintres ne font pas vniverfels, ceux qui font des payfages font mal la reffemblance, les vns font des fleurs & des fruits, les autres des beftes, des batailles, des naufrages, & des perfpectives: pour moy, fans avoir jamais examiné quel eft mon talent, j'en peins de toutes les manieres, & je n'en ay point encore fait de fi hardy que celuy-cy; car il y a de tout vn peu, & c'eft affez pour faire fort mal tout enfemble; mais j'efpere que vous en excuferez les defauts fur la bonne intention.

PORTRAIT
D'VN
VIEILLARD
INCONNV,

A VNE BELLE, ET BONNE RELIGIEVSE
DV PONT AVX DAMES.

VISQVE la regle severe de voſtre Convent me defend l'entrée de voſtre Cellule; au moins, Madame, ſouffrez que mon Portrait y ſoit receu, afin que vous l'ayez ſouvent devant les yeux, pour en corriger les defauts, & le mettre en eſtat que je puiſſe ſçavoir de qu'elle ſorte vous deſirez que je vive dans la retraite que je veux faire en

voftre hermitage, à l'exemple de ma belle mere qui s'imagine defia eftre dans le Paradis; tant elle reçoit de fatisfaction en cette demeure, où je veux aller fuivre le contrepied du vice, ainfi que dans le monde j'affecte de prendre le contrepied de l'impertinente mode de ce temps, à la façon que ma plume le va dépeindre. Ie fuis vn vieillard affez raifonnable, fort chauve, & ne pouvant fouffrir de perruque, quoy que chacun s'en ferve à prefent: fi peu qu'il me refte de cheveux gris & courts, je les fais boüillir pour les tenir fecs, & frifez; aimant mieux la commodité, que la parure de longs coins enfarinez, & engraiffez de pommade. Ie fuis dans vne vigoureufe fanté, par ce que je fais le contraire des ordonnances des Medecins. J'aime la bonne chere avec les honneftes gens, fans la pouffer dans la crapule; de forte que je ne fouffre aucune incommodité de goute, gravelle, ny autre infirmité naturelle, quoy que j'aye pres de foixante & dix ans. Ie ne mefnage point ma vieilleffe, crainte de vivre jufques au decrepite. Mes plaifirs ne font jamais femblables, je les prens de tous coftez; & contre l'ordinaire des vieux critiques, je m'accorde au temps, ce qui me donne les entrées dans les cabinets, & me fait fouhaiter dans la compagnie des plus grands hommes. Ie n'aime pas la fade complaifance, & je me delecte d'émouvoir la converfation par quelque agreable discours, où je suis fort opiniastre. I'ay quitté la suite ordinaire de la Cour, pour en tirer mes avantages. Les principaux Ministres de l'Estat sont si satisfaits de ma conduite dans Paris, que j'en suis plus gratifié dans mon libertinage, que lors que j'estois Courtisan plus assidu. Ie vis avec mes amis sans ceremonie, & ne leur fais aucunes visites & complimens, crainte qu'elles me soient renduës. Ie n'approuve pas les vieilles maximes, ce qui m'a dégouté de lire les anciens autheurs, & me suis fort estudié à considerer le grand livre du monde, où j'ay fait figure en quelques endroits: & dans mon agreable ignorance, j'ay composé des bagatelles en prose, & en vers assez divertissantes. Les Dames me considerent encor plus neantmoins pour s'en servir de confident, que de galant: & celles dont la beauté est consideree des grands Seigneurs ne m'ont jamais touché, pour la peine qu'elles donnent à conserver; & je fais estat de ce qui n'est point vû du public, comme d'vn tresor caché. Ie crains d'estre pris au mot, & je cherche à present mon divertissement avec les plus retirées; ce qui me fait resoudre de quitter les grandes compagnies pour aller prés de vostre Hermitage, où je me promets deprendre le contrepied de toutes les delices de la jeunesse de ce siecle. Iugez, Madame, par ce Portrait si j'en suis digne.

PORTRAIT
DV ROY,
ESCRIT A PARIS LE SEPTIESME
OCTOBRE, M. DC. LVIII.

PAR MADEMOISELLE.

EPVIS que c'eſt la mode de faire des Portraits, j'en ay vû quelques vns du Roy; mais je n'en ay vû aucun fait à ma fantaiſie. Il eſt vray que c'eſt vn ſujet ſi digne, qu'il eſt difficile que perſonne le puiſſe traiter aſſez dignement: Il n'y auroit que luy ſeul, s'il s'en eſtoit voulu donner la peine. L'on pourroit dire ſur ce'a ce que les Predicateurs difent des trois Perfonnes divines, qu'il n'y a qu'elles qui fe puiffent donner les vnes aux autres les loüanges qu'elles meritent: auffi il n'y a que le Roy qui puiffe parler de luy. Neantmoins cette mefme comparaifon juftifie affez l'entreprife que je fais de fon Portrait: car puifque les plus impenetrables myfteres de noftre Foy font fouvent traitez par des perfonnes mediocres, & qu'il eft permis aux mortels de parler de la Divinité; il me femble que j'ay quelque chofe d'affez relevé pour pouvoir parler de celle de ce monde, & que l'éclat que j'en tire ne me fervira pas feulement pour m'élever au deffus du refte des creatures, mais qu'elle me donnera les belles lumieres pour me bien acquiter envers elle de tout ce que je luy dois, & vne particuliere en ce rencontre pour bien faire fon Portrait.

La taille de ce Monarque eft autant par deffus celle des autres que fa naiffance, auffi bien que fa mine. Il a l'air haut, relevé, hardy, fier, & agreable, quelque chofe de fort doux & de majeftueux dans le vifage; les plus beaux cheveux du monde en leur couleur, & en la maniere dont ils font frifez. Les jambes belles; le port beau, & bien planté: enfin à tout prendre, c'eft le plus bel homme, & le mieux fait de fon Royaume, & affurément de tous les autres. Il danfe divinement bien, aime les Ballets, & s'en acquite comme de la belle danfe. Ce divertiffement sied bien aux Roys, & ils sont toûjours loüez de s'y occuper; par ce qu'ils montrent leur a-dresse, & que c'est donner matiere aux peuples de les loüer. Il est mesme de la politique de témoigner leur vouloir plaire par là : les Empereurs Romains en vsoient ainsi; ils se divertissoient souvent aux spectacles, quittans leurs affaires dans le temps que l'on avoit accoustumé d'y aller, & s'en faisant vne de n'y pas manquer. Il s'adonne fort à tous les jeux d'exercice, & y reüssit fort bien; tire en volant plus adroitement que qui que ce soit. Quant à celuy de la Guerre, il sçait depuis le mestier d'vn simple Soldat, jusques à celuy d'vn General d'armée, & en parle auec autant de capacité que faisoit le feu Roy de Suede. Il témoigne la plus grande passion du monde pour la guerre, & est au desespoir de ce qu'on l'empesche d'aller aussi souvent qu'il voudroit aux occasions, quoy qu'il n'y aille que trop au gré de ceux qui sçauent combien sa personne est precieuse à l'Estat. Il a autant de courage que l'on en peut auoir, & l'on est fort aise d'auoir eu lieu de connoistre par ses actions, que si par vn mesme malheur que Henry IV. il auoit esté obligé de reconquerir son Royaume, il s'en seroit aussi bien demeslé que luy par sa brauoure, & par sa conduite. J'ay oüy dire qu'en cette derniere campagne il encourageoit à bien seruir, & les Officiers, & les Soldats par son exemple,

& que rien n'eſt plus vigilant, ny plus ſoigneux que luy. Sa ſanté correſpond bien à ſon inclination, car elle eſt auſſi forte, & auſſi vigoureuſe qu'il eſt neceſſaire qu'elle ſoit, pour reſiſter aux fatigues de la guerre. Son abord eſt froid : il parle peu, mais aux perſonnes auec qui il eſt familier il parle bien, juſte, & ne dit rien que tres à propos ; raille fort agreablement, a le gouſt bon, diſcerne & juge le mieux du monde, a de la bonté naturelle, eſt charitable, liberal, joüe en Roy, & ne fait nulle action qui n'en ſoit. Il a fort bon ſens pour les affaires, parle bien dans ſes conſeils, & en public, quand il eſt neceſſaire. Il ſçait fort bien l'hiſtoire, en parle à propos, loüe ce qui eſt à loüer de ſes predeceſſeurs, & en retient ce qui luy eſt neceſſaire pour s'en ſeruir dans les occaſions : c'eſt auſſi la plus belle ſcience que puiſſent avoir les Roys, que la connoiſſance de leur païs, du bien & du mal de leurs Anceſtres ; car l'on ſe corrige ſur les defauts des autres, & l'on ſe rend plus parfait ſur leurs bonnes qualitez, le temps aportant toûjours de la politeſſe & de l'augmentation au merite, dont les peuples reſſentent de favorables effets. Lors qu'on l'a peint en berger, l'on a dit qu'il eſtoit propre à gaigner le prix du Hameau, mais qu'il ne s'en ſoucioit pas : pour moy je ſuis perſuadée qu'il eſt fort propre à eſtre galant, & il eſt aſſez tourné de cette maniere ; mais ie penſe que ce qui l'en empeſche, c'eſt qu'il a le gouft fi delicat, qu'il ne trouve point de Belle tournée à fon point ; & que celles de ce temps ne le font pas affez pour luy. C'eft encore fur quoy on le peut loüer de fe connoiftre fi bien en beauté, auffi eft il iufte qu'vn Roy foit plus delicat qu'vn berger. Paris donna la pomme, par ce qu'il en trouua à fa fantaifie ; il n'en trouue point à la fienne : il fait bien de ne fuivre l'exemple de perfonne, eftant fait pour en donner aux autres. Il a beaucoup de pieté & de devotion ; elle eft d'exemple, & d'edification, & tout comme il la faut, pour eftre fuivie, n'eftant point trop auftere, ny trop fevere : il a auffi efté eflevé de bonne main, puifque la Reyne fa mere eft la Princeffe du monde dont la devotion eft la plus folide, & la plus admirable; auffi en voit-on des effets, puifque toutes les graces & les benedictions de Dieu font refpanduës, & fur la perfonne du Roy, & fur fon Eftat, dont les profperitez donnent bien lieu de dire que le jugement du Roy paroift en la confiance qu'il a en Monfieur le Cardinal, puifque rien n'égale fes foins pour toutes chofes, & les fait fi heureufement reüffir par fa penetration. Enfin le Roy merite d'eftre, comme il eft, l'amour de fes peuples, la veneration de toute fa Cour, & la terreur de fes ennemis.

DIVERS

PORTRAIT
DE
NESTOR.

'Avois crû jufques icy, que l'invention des Portraits eſtoit vne choſe nouvelle, mais aſſeurément elle ne l'eſt pas. Dans l'vn des livres des Amadis (je ne ſçay ſi c'eſt dans l'onziéme ou douziéme) il y en a vn du Prince Falange d'Aſt le plus joly & le plus galamment eſcrit qu'il ſe puiſſe; & je deffie tous ceux qui en ont fait, ſoit auteurs, ou Dames, car il me ſemble qu'il y en a aſſez qui ont reüſſi en ce genre d'écrire, d'en

PORTRAITS.

faire de plus juste : & asseurément en cela Amadis est fort à la mode. Quelle joye ce seroit pour beaucoup de gens, s'il y avoit vne Vrgande, c'est à dire pour ceux à qui elle feroit du bien, car pour les autres, je croy que ce leur seroit vne grande douleur : mais comme d'ordinaire l'on ne cherche gueres que du bien pour soy, & que la charité est de toutes les vertus la moins pratiquée , & sur tout à la Cour, l'on croira aisément que je n'ay pas l'esprit remply de ces enchantemens, qui ne produisent que feux & flâmes qui exterminent, & rendent les Dieux ministres de nos vangeances. Ie ne demande que des Palais enchantez , que des douceurs & du repos, & pour moy, & pour mes amis. Mais je m'emporte fort dans des fictions Poëtiques, & personne ne lira l'exorde de ce Portrait qui ne croye qu'apres avoir dit de si grands mots, je ne fusse dans vn enthousiasme tout propre à faire vn Poëme heroïque, & que ce seroit plutost mon style, que de travailler en bucolique. Ie tromperay les lecteurs, car je me vais rabatre à vne tres mediocre prose , pour faire le Portrait d'vn homme qui merite bien que l'on en die tout le bien que l'on y connoist. C'est vne vraye humeur de Romain : asseurément il en a beaucoup de bonnes qualitez; & s'il me venoit dans l'esprit le nom de quelqu'vn de ces grands Consuls, je le luy donnerois ; mais ma memoire me manquant, je luy donneray celuy de Neſtor, ayant lû depuis peu dans Ariſtippe vne choſe qui luy convient tout a fait, ſur ce qu'il dit qu'Agamemnon diſoit touchant la difficulté qu'il y avoit de trouver des Conſeillers fideles pour ſervir les Princes, qu'entre mille il ne ſe trouvoit pas vn Neſtor, & qu'vn Neſtor valoit vn Royaume entier.

Noſtre Neſtor donc eſt d'entre deux tailles, d'vne mine mediocre, les eſpaules hautes, du reſte aſſez bien fait : il a la teſte d'vne bonne groſſeur pour y avoir du jugement, vn fort grand front, large & dégarny de cheveux, la teſte quaſi chauve, le peu de cheveux qu'il a ſont cendrez; les phyſionomiſtes trouvent que c'eſt comme il faut avoir la teſte pour l'avoir bonne, & diſent qu'ordinairement les gens auſſi mal coiffez que celuy dont je parle, ſont fort habiles; & quaſi tous les grands perſonnages de l'antiquité eſtoient de cette maniere : beaucoup des plus grands Miniſtres qui ont eſté en France, & dont on voit les Portraits, ont tous la teſte dégarnie de cheveux. Il a le nez aquilin, les yeux bleus, le viſage olivaſtre, l'air melancolique; tout cela eſt aſſez d'vn honneſte homme; quelque choſe de fier, & meſme plus qu'il ne luy apartient; l'eſprit vif & penetrant pour les affaires, lent pour la converſation, quoy qu'il l'ait agreable; parle peu, à moins que de connoiſtre beaucoup les gens; fait malaiſément connoiſſance; eſt d'humeur retirée;

tirée; s'applique fort quand il veut, mais naturellement il est paresseux; a de l'ambition, mais moderée; ne la voudroit pousser que par les belles voyes; est ennemy des bassesses, & de la servitude, à moins qu'elle ne luy plaise, & est en estat de s'en passer, & de n'en prendre point autrement. Il ne connoist point d'interest, que celuy de ses amis, pour les servir: il seroit liberal, s'il luy convenoit de l'estre, & le conseilleroit toûjours à ceux à qui il convient: il est charitable, car il convient à tout le monde de l'estre. Il connoist Dieu, le sert, le prie, & le craint, par ce qu'on le doit, par la veneration qu'il a pour les Saintes Escritures, & non pas par foiblesse, comme beaucoup d'autres gens; lit les bons livres; estudie, en ayant presentement le temps. Il est plus propre qu'homme du monde à faire vne retraite, & à vivre comme les anciens Peres de l'Eglise. Il n'est pas extraordinairement sçavant, ayant eu de jeunesse des emplois & des occupations qui ont interrompu ses estudes. Il connoist le monde & la Cour, sçait comme l'on y vit, entend les affaires du dedans, & du dehors du Royaume; escrit parfaitement bien, & asseurément il seroit capable de faire de beaux livres. Comme l'on peut aussi bien servir Dieu dans le monde que dans le desert, je me persuade que cette pensée luy fera souvent combatre l'attachement qu'il y pourroit avoir, & que le Prince du monde n'emportera en luy aucun avantage fur celuy du Ciel, puis qu'il y fera mieux fon falut que dans la retraite, la vie qu'il meine en eftant vne perpetuelle pour luy. Il eft colere, quoy qu'il paroiffe temperé; mais ce font des feux de paille: il eft affez aheurté en fon fens, & mefme cela pourroit aller jufques à l'opiniaftreté; il n'en a point dans la haine, car c'eft l'homme du monde qui en a le moins pour ceux qui luy ont fait le plus de mal; il feroit preft de les fervir fi l'occafion s'en prefentoit: il eft fans peur; je l'ay vû menacé de foudres, & de tonnerres, qui font chofes inevitables, & les attendre avec toute la tranquilité poffible, fe perfuadant que la Divine puiffance n'agiffant qu'avec juftice arrefteroit le bras de ceux qui ne la gardent pas ainfi qu'elle. C'eft l'efprit du monde le plus pacifique, & ennemy de ceux qui ne le font pas, évitant de converfer mefme avec les gens contrarians, par ce que ce procedé luy fait de la peine. Iamais homme n'a efté plus efloigné de l'intrigue, & les humeurs intriguantes luy font infuportables: il eft fenfible pour fes amis, reconnoiffant aux obligations, ferme dans l'adverfité, & fupporte les difgraces & les déplaifirs de la mefme maniere qu'il feroit la bonne fortune, de laquelle il eft incapable de fe prevaloir. Il n'eft pas méfiant, & s'il fe confie à peu de gens, il ne guarentit jamais rien, tant il a peur de tromper les autres sous la bonne foy d'autruy; car pour luy il n'en manqua jamais à personne : on pourroit aussi avoir la mesme confiance en ceux de qui il respondroit qu'en luy, car il se connoist fort bien en gens ; & Agamemnon pourroit dire de ceux là, qu'il se trouveroit plus d'vn Nestor.

M m 2

DIVERS

PORTRAIT
DE MADAME
DE THIANGE,
FAIT A LYON,
LE DERNIER DE NOVEMB. M. DC. LVIII.

PAR MADEMOISELLE.

N s'eſtonnera que je faſſe mon Portrait en l'eſtat où je ſuis, puis qu'il faut a- voüer que je ſuis vn peu changée, & que d'ordinai- re l'on n'ayme pas à ſe mon- ſtrer de cette ſorte, quand on aime ſa beauté. Mais deux ans de Province m'ont apris à ne m'en pas ſoucier, les reflexions que

j'ay faites pendant ce temps là, m'ont fait connoiftre qu'il faut commencer à fe détacher du monde par foy mefme; & que quand mon vifage feroit changé, c'eft dequoy je ne me dois pas mettre en peine. Au contraire je dois eftre bien aife que l'on remarque ce changement, pourveu que l'on s'aperçoive des autres qui font moins vifibles, & qui me feront fans doute plus avantageux, puis qu'ils plairont à toute ma famille, pour laquelle je veux avoir autant d'égard à l'advenir, que j'en ay peu eu par le paffé; mais jeuneffe & fageffe s'accordent rarement enfemble, & ce Proverbe a efté, je crois, fait pour moy. Ainfi par mon propre aveu l'on pourra juger de mon changement, & fi quelque iour apres vne longue vie que i'efpere paffer en bonne Chreftienne, je mourois en opinion de fainteté, j'aurois vn Prelat d'vne haute vertu pour témoin de mes bonnes refolutions, qui auroient efté executées, & qui auroient eu vne fi bonne fin.

I'ay pris le deffein que j'ay de devenir devote, en lifant les œuvres de S. Auguftin; j'ay toûjours eu vne particuliere devotion pour luy, tant à caufe de fon efprit & de fa fainteté, que par le rapport qu'il y a de fa converfion à celle des gens qui vivent dans ce fiecle; c'eft par luy que j'efpere de reüffir à la mienne; mais il m'infpire tant de fentimens d'humilité, que je crains que mon portrait n'en soit moins ressemblant. I'ay l'air de ce que je suis née, c'est à dire d'vne Demoiselle de tres-grande qualité, & je me serois bornée à n'estre que cela dans vn temps autre que celuy-cy, mais maintenant je puis dire sans vanité que ie suis Princesse, & la quantité de Souverains dont je suis descenduë en font foy, mais il vaut mieux laisser dire cela aux autres : je diray seulement que les alliances de ma maison auec celles des Ducs de Guyenne, des Comtes de Limosin & de Poictiers me laissent assez croire que ie suis venuë de Rosanire fille de Policandre Roy des Pictes; jugez apres cela si j'ay bon air, & si ie l'ay haut; aussi m'en fait on la guerre, & ce sont de ces guerres qui ne déplaisent pas. Rosanire s'habilloit quelquefois en bergere auec Galatée, & prenoit plaisir de se promener auec celles qui habitoient les bords du Lignon, apparemment elles filoient leurs quenoüilles, & c'est vn de mes plaisirs. Ie suis aussi familiere auec les petites gens, que l'estoit cette Princesse de qui j'ay l'honneur de descendre. L'on dit que j'ay les yeux beaux, doux, & l'on juge de mes regards selon que l'on m'aime. I'ay les dens belles, & la bouche aussi, le nez bien-fait, & le ris agreable, la gorge belle, les mains admirables, la mine melancholique, quoy que j'aye l'humeur fort gaye. L'on a mesme dit que i'estois emportée, lors que i'estois plus jeune que je ne suis; ce n'est pas que je ne le sois encore assez pour estre belle, mais j'ay assez d'âge pour estre sage. Quant à la galanterie,

L'on sçaura que maman mignonne
Se pique de femme de bien,
Et femme qui pour moins que rien
Estrangleroit vne personne.

J'ay l'esprit agreable & divertissant, & l'on s'ennuye rarement où je suis. Ie crois estre assez plaisante, au moins la petite fille du grand Euric me l'a souuent dit. Ie danse mal, & en cela je ne ressemble pas à Madame ma bisayeule, trisayeule, ou quintayeule. Il n'y a chanson au monde que je ne sçache, rien n'égale ma memoire, & si j'avois voulu l'employer à des choses plus solides, peut-estre y aurois je reüssi de mesme, mais comme l'on sçait que la memoire, & le jugement, selon le commun dire, sont discordans, l'on en jugera comme l'on voudra, pourtant je sçay quelques fragmens de l'Histoire, & celle de François I. m'a pleu sur toutes ; le titre que Marot luy donne me paroist assez juste,

Roy plus que Mars de gloire enuironné,
Roy le plus Roy qui fut onc couronné.

Enfin à tout prendre je crois que j'ay beaucoup

plus de bon que de mauvais, & l'on pourroit dire sur moy de certains vers de Voiture,

Que qui ne verroit que mes vers,
Et ne connoistroit mes reuers,
L'on m'aimeroit d'amour trop forte.

PORTRAIT

PORTRAIT
DE MADAME
DE
MONTATERE
RELIGIEVSE,
FAIT PAR ELLE MESME,

ADRESSE' A MADAME LA MARQVISE
DE MONTATERE SA BELLE SOEVR.

OVS ne pouviez sans doute, ma chere sœur, me demander vne marque de mon amitié plus difficile à vous accorder, que de faire mon Portrait. Pensez vous que je vous fasse voir volontiers tous les defauts que je sens

en moy ; & que je fois bien aife de me mettre au hazard de perdre voftre eftime, pour vous donner vn leger témoignage de mon amitié? Et s'il arrive par hazard que je fois obligée à vous dire quelque chofe à mon avantage, fuis je affeurée qu'eftant clairvoyante comme vous eftes, vous en demeuriez d'accord ; ou que fi la juftice vous empefche de le faire, vous expliquiez au moins mon erreur favorablement? En verité je n'avois que trop de fujet de vous refufer, & peut-eftre l'euffé-je fait s'il euft efté en mon pouvoir, mais ma volonté eft fi abfolument foûmife à la voftre, qu'il n'y a point d'intereft fi puiffant, que je ne facrifie à la joye de complaire à vne fœur auffi aimable que vous.

Les fentimens que j'ay pour Dieu feront le premier trait de cette peinture : je vous confeffe qu'ils ne font pas tels qu'ils devroient eftre, & que je fouhaiterois ; car quoy que je le craigne infiniment, & que je puffe mefme dire que cette crainte me tirannife, fi ce terme s'accommodoit avec la douceur du joug de Noftre Seigneur, neantmoins elle n'eft pas accompagnée d'vne amour auffi forte, qu'il la defire de nous. Vous aurez de la peine à le croire, & il eft pourtant tres vray que je fens vne joye continuelle d'eftre attachée à fon fervice d'vne maniere particuliere; je vois mille amertumes dans le monde, & mille douceurs dans ma condition, qui me font remercier Dieu d'avoir quitté l'vn pour l'autre, dans vn temps où je n'estois pas tres capable d'en faire vn juste discernement. Mais cette matiere est trop serieuse pour estre traitée plus au long dans vn ouvrage qui ne l'est pas extrêmement: je passe donc au reste. I'ay l'ame bonne, sans fard & sans malice, j'y sens de la fierté & de la gloire, qui iroit mesme trop loin si la raison ne l'arrestoit, & elle me rendroit non seulement tout mespris, mais mesme toute superiorité insupportable, si l'esprit de ma profession ne me les faisoit souffrir. Sur tout, je suis fort sensible aux avantages de ma maison, & je les desire plutost pour satisfaire mon humeur, que pour l'interest de mes parens. Ie suis liberale jusqu'à la prodigalité: le plaisir de posseder les choses m'est sans comparaison moindre que celuy de les donner: jugez, ma chere sœur, combien ma pauvreté me fait souffrir, puis qu'elle me prive de cette satisfaction. I'ay le cœur fort tendre à la compassion, jusqu'à en estre malheureuse, car le mal de tout le monde devient le mien, par la pitié que j'en ay. I'ay du courage, & mesme assez pour entreprendre les choses les plus difficiles, pourveu que je sçache qu'elles soient bonnes & justes; car personne n'a jamais esté plus timide que moy à faire le mal : je crois que c'est plutost par la crainte du blâme, & de la censure, que par l'aversion du mal mesme ; aimant mieux me priver de toute sorte de satisfaction, que d'en recevoir le moindre reproche. Ma reputation m'est infiniment chere, & il n'y a que les offences qu'on m'y peut faire, que j'aye de la peine à pardonner, c'est à dire à oublier, car de m'en vanger, je n'en suis point capable ; & le plus grand mal que je fasse à mes ennemis, c'est de les méprifer. Ie suis aisée à fascher, mais plus aisée encore à appaiser. I'ay de la peine à me rendre à la verité, quand je me suis engagée à soustenir vne opinion qui luy est contraire, mais cette difficulté ne resiste pas long temps à la raison. Ie suis fort reconnoissante, mais non pas assez pour aimer : je ne le fais que par inclination, mais j'ay vne extrême joye de servir ceux qui m'ont obligée. I'aime tendrement & constamment, mais rarement ; & quand je m'y suis engagée j'y apporte vne complaisance & vne confiance entiere, & j'en bannis toute jalousie : je veux estre aimée de mesme. La solitude m'est fort agreable ; je ne sçay si cette inclination vient de mon naturel, ou si estant necessaire pour le bon-heur de ma profession, j'ay fait de necessité vertu. Ie ne sçay de mesme à qui je dois le mépris que j'ay pour la plus part des divertissemens du monde; mais il me semble qu'il m'est naturel, & qu'en quelque estat que j'eusse esté, le bal, les collations, ny le cours ne m'eussent pas charmée. Mon imagination me rend souvent mal-heureuse, car je me figure toûjours les choses pires qu'elles ne sont; & quand le mal est arrivé, je le supporte plus patiemment que je n'en avois fait l'attente. Ie suis credule, hormis au mal que j'entens dire de la plus part du monde. Mes passions sont fort moderées; j'en excepte la tristesse, à laquelle je me laisse abbatre pour des sujets assez mediocres; neantmoins je la reserre si bien au dedans de moy, qu'il n'en paroist rien au dehors. Ie suis assez franche & ingenuë, c'est moins par foiblesse, que par vne certaine bonté qui me fait juger que personne ne me voudroit nuire, non plus que moy aux autres; mais le secret de mes amis m'est neantmoins inviolable. Ie ne hais pas a estre loüée, pourveu que les loüanges qu'on me donne m'appartiennent, car la flaterie me fatigue. Mon humeur est assez gaye, & fort égale: on me loüe particulierement pour ma douceur, & pour ma civilité; mais ny l'vne ny l'autre ne sont point à l'épreuve du mépris. Ie suis fort paresseuse, je l'avoüe bien franchement depuis que j'ay apris vn mot Italien qui favorise bien le party des faineans, *è bella cosa di far niente* : mais quand ce seroit vn defaut, je vous ay veuë si empeschée à l'excuser, lors qu'on nous le reprochoit, que je ne crois pas que vous voulussiez me refuser vne grace, que vous avez assez souvent besoin qu'on vous accorde. On m'a tant dit qu'il me sied mal de mentir, & que je tremble en la faisant, que je ne le fais point du tout. Ie ne manque point d'esprit, je l'ay vif & penetrant : je parle facilement, & assez bien. Ma conversation est enjoüée, & quelque fois assez spirituelle. Ie n'écris point mal, mais je ne me sçaurois donner la peine d'écrire fort élegamment : ainsi mes premieres pensées sont les meilleures, n'en souffrant gueres de secondes sur vn mesme sujet. Ie suis moins ignorante que la plus part des personnes de mon sexe, mais ce que je sçais ne sert qu'à me faire regreter ce que ma paresse ma fait negliger d'aprendre. I'aime beaucoup la lecture : autrefois les romans faisoient mes delices, c'estoit dans le temps qu'il m'estoit permis de les lire ; maintenant les livres plus serieux, & plus convenables à ma profession me plaisent beaucoup davantage.

Ie vous ay dépeint la meilleure partie de moy mesme ; & plust à Dieu que je pusse en retrancher le reste, sans rendre ce Portrait defectueux : mais puisque je l'ay commencé, il faut l'achever. Ie suis plus grande que petite, j'ay la taille aisée, l'air bon, l'abord doux & civil. Mon visage est modeste, le tour en est ovale, & l'ovale en seroit parfaite, si le menton n'en estoit pas vn peu trop pointu. Mes yeux sont bleus, vifs, & brillans, de grandeur mediocre, assez souvent batus. Mon teint est blanc, & incarnat, sujet à rougir vn peu trop ; cela vient de mon embompoint, qui est meilleur de beaucoup qu'à moy n'apartient. Vous m'avez quelque fois flatée d'avoir la bouche belle, le sousris agreable, & marquant quelque chose de fin, & de spirituel; vous juriez que mes dens estoient admirables, mais peut-estre vous mocquiez vous de moy: je sçay bien que vous ne le faisiez pas, quand vous me disiez que j'avois le nez petit,& retroussé, mais je sçay bien aussi qu'il n'est pas desagreable, & qu'il ne me defigure point. J'ay les mains belles, la peau blanche & délicate, & toute ma personne est nette & propre. Mes cheveux sont d'vn brun cendré ; vous ne me croirez pas quand je vous diray qu'ils deviennent gris, j'en attribuë la cause à nostre coëffure, qui produit souvent cet effet, plutost qu'à l'âge ou je suis, dont assurément on ne doit rien attendre de tel.

Mais enfin, ma chere sœur, trouvez bon que je finisse : vous m'avez fait repasser bien des choses par l'esprit qui ny doivent plus tenir aucune place; & cet entretien m'en pourra peut-estre couter vn autre moins agreable, mais plus salutaire avec mon Confesseur : mais pourveu que ma complaisance vous soit vne marque de ma parfaite amitié, & me confirme la possession de la vostre, je me seray procuré vn grand bien d'vn costé, si je me suis fait quelque mal de l'autre.

PORTRAIT

PORTRAIT
DE MONSIEVR
LE PRINCE,
ESCRIT A PARIS LE CINQVIESME
OCTOBRE, M. DC. LVIII.

PAR MADEMOISELLE.

IL est difficile à de petites gens de pouvoir parler des personnes fort élevées, & je ne comprens pas comment de mediocres entreprennent de faire les Portraits des grands : car s'il n'y avoit à dépeindre que les traits du visage, ce sont de ces choses dont tout le monde peut aisément s'acquitter ; mais il n'en eſt pas de meſme des qualitez de l'ame, car ceux qui ne ſont pas nez d'vne condition à l'avoir élevée, peuvent mal-aiſément exprimer les ſentimens de ceux qui l'ont haute : & cela fait le meſme effet ſur le theatre du monde, que ſur celuy des Comediens, quand de mauvaiſes troupes de campagne recitent les vers de Corneille.

L'on trouvera que Monſieur le Prince aura ſujet d'eſtre ſatisfait, puiſque ſes veritez, bonnes ou mauvaiſes, feront dites par vne perſonne, dont aſſeurément il recevroit le bien & le mal avec égale veneration, & qui le connoiſt mieux que perſonne du monde : c'eſt pourquoy il faut donc commencer à en dire ce que l'on en ſçait, & le loüer avec plaiſir ; car c'en eſt vn grand de donner à ſes amis les loüanges qu'ils meritent avec juſtice ; & dans les temps où ils ſont malheureux, c'eſt vne eſpece de conſolation aux ames genereuſes d'en vſer ainſi, & pour ceux qui le font, & pour ceux pour qui on le fait.

L'on pourroit peindre Monſieur le Prince dans le bal, car c'eſt ſans contredit l'homme du monde qui danſe le mieux, & en belles danſes, & en ballets. Les habits que l'on y a, & les perſonnages que l'on y repreſente, ſont fort avantageux en peinture, & donnent grande matiere d'eſcrire ; car comme ce ſont des Deïtez de la fable, ces ſortes de ſujets menent bien loin. Mais j'aime mieux en moins dire, & me retrancher fur la verité. Ie le peindray donc comme je l'ay vû au retour d'vn combat. Sa taille n'eſt ny grande ny petite, mais des mieux faites, & des plus agreables, fort menuë, eſtant maigre ; les jambes belles, & bien faites ; la plus belle teſte du monde, (je parleray en ſuite de ſa bonté) ſes cheveux ne ſont pas tout-a-fait noirs, mais il en a en grande quantité, & bien friſez : ils eſtoient fort poudrez, quoy qu'ils ne le fuſſent que de la pouſſiere ; mais aſſeurément il eſt difficile de juger ſi celle la luy ſied mieux que celle de Preud'homme. Sa mine eſt haute & relevée ; ſes yeux fiers & vifs ; vn grand nez ; la bouche & les dents pas belles, & particulierement quand il rit : mais à tout prendre il n'eſt pas laid, & cet air relevé qu'il a ſied bien mieux à vn homme, que la delicateſſe des traits. Apres avoir dit le jour que je me le repreſente pour le peindre, vous croirez bien qu'il eſtoit armé ; mais que dans ſon Portrait l'on mettra ſa cuiraſſe plus droite qu'elle n'eſtoit, puiſque les courroyes eſtoient coupées de toutes ſortes de coups : il aura auſſi l'épée à la main ; & aſſeurément l'on peut dire qu'il la porte d'auſſi bonne grace, qu'il s'en aide bien : voila à peu pres ſon Portrait deſſeigné, il ne ſuffit pas de l'avoir habillé, il le faut décorer : nous mettrons les batailles de Rocroy, de Nortlingue, de

Fribourg, de Lens, & toutes les villes qu'il a prises, & secouruës : l'on verra vne bataille preste à donner ; l'autre se donnera, & il y en aura de données, car les feux & la fumée des canons servent de beaux rembrunissemens à la peinture, aussi bien que le sang & le carnage : & pour les paisages, & les perspectives, les armées en bataille, & les Villes conquestées ou secouruës font vn bel effet : asseurément vn Conquerant en fait toûjours vn fort beau par tout où il est, & donne grande matiere à tous les arts de se bien exercer. Ie laisseray vn champ vuide, me persuadant qu'il le remplira d'aussi belles choses à l'avenir, que celles qu'il a faites par le passé pour le service du Roy. Venons à l'interieur : ce Prince a de l'esprit infiniment ; est vniversel en toutes sortes de sciences ; possede toutes les langues ; & sçait tout ce qu'il y a de plus beau en chacune, ayant beaucoup estudié, & estudiant tous les jours, quoy qu'il s'occupe assez à d'autres choses. La Guerre est sa passion dominante. Iamais homme ne fut si brave ; & l'on a souvent dit de luy, qu'il estoit

 Plus capitaine que Cesar,
 Et aussi soldat qu'Alexandre.

Il a l'esprit gay, enjoüé, familier, civil, d'agreable conversation, raille agreablement, & quelquefois trop ; on l'en a mesme blasmé, quoy que cela n'ait pas esté jusques à l'excez, comme ont voulu dire les ennemis. Il est quelque-fois chagrin, colere & mesme emporté : & sur cela il n'y a personne qui puisse dire qu'il ne le soit pas trop. Il connoist bien les gens, les discerne, & fait grand cas des personnes de merite. Il est agissant au dernier point : jamais homme ne fut plus vigilant, ny plus actif à la Guerre : il fatigue comme vn simple cavalier, ayant vne santé & vne vigueur qui luy permet d'estre jour & nuict à cheval, sans prendre aucun repos : quand il trouve des gens qui aiment le leur, & qui n'ont pas le service aussi à cœur que luy, il se fâche aisément; estant difficile que la vie que je viens de dire qu'il mene, ne luy échaufe le sang : ainsi voila surquoy il s'emporte & se fâche, & c'est le plus grand defaut qu'il ait. Il est bon amy, & sert les siens avec empressement, & a pour eux cette chaleur avec laquelle il fait toutes choses. Beaucoup de gens doutent qu'il soit fort tendre, & aussi empressé que j'ay dit, lors qu'on ne luy est pas vtile ; mais asseurément quand il aime vne fois, c'est pour toûjours, à moins qu'il y ait des sujets bien legitimes de changer. Il est vray qu'il est mal soigneux & negligent; mais dans les choses essentielles, ou pour les autres ou pour luy, il est fort soigneux. Il écrit bien quand il y prend garde, mais il s'y estudie peu ; il le fait neantmoins toûjours de bon fens, & particulierement fur la guerre. Il eſt méfiant, & fouvent trompé ; il croit aiſément que l'on l'aime, & il y a quelque juſtice à ſe fonder ſur ſon merite ; mais le merite propre ne donne pas de l'honneur ny de la probité aux gens à qui nous avons affaire. Il ſuit ſes ſentimens, & trouve aſſez mauvais que l'on les contrarie. Il prend rarement conſeil, quoy qu'ayant eſté aſſez malheureux pour en ſuivre de mauvais. Quand il a affaire des gens, il ne les neglige pas. Il aime ſon compte, va à ſes fins ; & ſa prudence le fait paſſer par deſſus beaucoup de choſes, quand il eſt queſtion d'y aller. Quoy qu'il ait infiniment de l'eſprit, comme je l'ay deſia dit, il y a des choſes dans leſquelles il n'eſt pas quelquesfois d'humeur de s'en ſervir. L'on dit qu'il n'eſt pas bon politique ; pour moy, je ne la ſuis pas aſſez pour en juger : je ſçay bien que ſelon mon ſens il pourroit faire bien des choſes qu'il ne fait pas, & que je ſouhaiterois qu'il fiſt. Il s'abandonne trop dans la Guerre ; & l'amour des actions d'éclat le touche autant que s'il n'avoit pas vne reputation eſtablie ; & pour vne choſe de cette nature, il feroit capable d'en abandonner de fort ſolides, & de ſe conſoler de leur perte par la joye qu'il ſentiroit du ſuccez des premieres. Ie ſuis perſuadée qu'il pourroit ſe mieux ſervir de ſon eſprit en pareilles rencontres, & la ſolidité eſt preferable à l'éclat en vn certain âge, où la gloire des gens, au lieu de se diminuër, s'affermit. Il est juste & équitable; l'on ne luy entend jamais rien dire qui aille au contraire. Quoy qu'il soit violent par son temperament, & par son humeur; il ne l'est neantmoins pas dans ses actions, & je l'ay vû éviter des occasions, où il craignoit d'estre obligé d'en donner des marques, & dans lesquelles mesmes il s'attiroit du blâme par sa moderation. Ie ne l'ay point connu dans le temps où il estoit galant; mais l'on dit qu'il l'a fort esté, & a eu de grandes passions les plus respectueuses, & les plus polies du monde; enfin qu'il pouvoit passer pour vn Heros de Roman, aussi bien en galanterie, qu'en guerre: mais je ne l'ay pas vû; ainsi je n'en diray rien. Pour liberal, je ne sçay s'il l'est plus que ne le sont d'ordinaire les Bourbons; je luy ay pourtant vû faire des liberalitez, mais il y a des temps & des conjonctures qui détruisent le merite des choses, & qui empeschent que l'on ne puisse juger si c'est l'inclination des gens qui agit, ou les causes secondes qui les font agir. Il a esté libertin, & a pû n'estre pas fort regulier dans ses mœurs, comme tous les jeunes gens, mais asseurément il en est fort revenu; & les principes de la Religion sont fortement establis dans son ame, & beaucoup plus que ceux de la devotion; mais l'vn attire l'autre, & toutes choses viennent en leur temps. J'ay ouy dire que jamais homme ne fut si froid dans les combats, ny si intrepide ; rien ne l'estonne, le peril le r'asseure & le modere : il donne ses ordres avec la derniere tranquilité. Il reçoit les loüanges avec embarras, & ne veut jamais ouyr parler de ses belles actions, estant persuadé n'en avoir jamais assez fait, & ne trouvant rien qui puisse borner son courage.

PORTRAIT

PORTRAIT
DE MADAME LA COMTESSE
DE NOVAILLES
DAME D'ATOVR DE LA REYNE,

PAR MADAME LA DVCHESSE D'VSEZ.

IL y a long temps que j'ay envie de faire voſtre Portrait, mais je n'oſois l'entreprendre, par ce que je ne croyois pas pouvoir jamais venir à bout de dire tout ce que je penſe ſur voſtre ſujet. La nature ne m'ayant donné en partage qu'vn peu de bon ſens, pour pouvoir demeſler ce qu'on voit de beau & de bon en vous ; elle m'a refuſé l'éloquence pour

bien peindre vne perfonne telle que vous.

Vous eftes belle, mais d'vne beauté que l'on peut dire fort naturelle, & fi l'on vous trouve vn beau teint, de beaux yeux, & les levres d'vn rouge admirable, l'on doit bien eftre perfuadé que c'eft fans artifice. Vous prenez vn trop grand foin à ne vous pas accouftumer à l'exemple de mille autres, à faire de petites façons affectées qui ne font propres qu'à diminuer le prix d'vne beauté, quand elle ne paroift pas naïfve; l'on ne vous voit jamais r'adoucir vos yeux, ny tafcher à faire de petites mines de la bouche, pour y faire remarquer des agrémens, & faire voir des dents que vous avez fort belles, ny contrefaire voftre ton de voix, pour tafcher de prendre auffi bien par les oreilles, que par les yeux, ceux qui vous entendent: l'on voit bien que vous laiffez tout a fait le foin de voftre beauté aux graces naturelles, qui ne font pas ingrates de la confiance que vous avez pour elles, elles vous fervent tout-a-fait bien. Il eft vray qu'elles font bien fecouruës par voftre efprit, qui vous donne mille bonnes qualitez, en vous faifant dire tout ce que vous dites, fi à propos, & d'vn fi bon air, que cela tient lieu de toutes les minoderies du monde. Vous eftes éloquente, fans paroiftre fçavante. Vous avez dans l'efprit vn penchant à eftre plaifante, & vous remarquez fi vifte tout ce qui fe dit dans vne converfation, & trouvez fi promptement ce qu'il y a à dire de bien & de mal, que jamais perſonne n'y a eſté ſi éclairée que vous. Mais c'eſt vn plaiſir que vous ne donnez pas ſouvent à vos amies, par ce que vous eſtes doüée d'vne ſi grande prudence, que vous aimez mieux l'étouffer, que de vous reprocher que vous vous divertiſſez de voſtre prochain. Vous eſtes bonne, mais fort fiere, pourtant tout-a-fait tendre pour vos amies, dont le nombre eſt fort petit dans voſtre cœur; & bien que pluſieurs s'empreſſent à y retenir place, la foule eſt dans la grande chambre, & les choiſies ſont dans le cabinet. Voſtre choix n'eſt pas par emportement, c'eſt par connoiſſance. Vous ne laiſſez que fort peu agir chez vous l'inclination toute ſeule, vous l'accompagnez toûjours de la raiſon. Les ſentimens de voſtre cœur ſont fort delicats, & fort obligeans pour vos amies; vous vous occupez toûjours d'aller au devant de ce qui leur peut plaire. Mais ſi vous aviez des amans, ils ſeroient bien malheureux, quand ils ſeroient auſſi aimables que l'amour meſme, & que vous les verriez d'vn merite merveilleux, car l'honneur de la gloire vous touche au deſſus de toutes choſes, & vous vous en faites vn ſi fort rampart, que la galanterie avec tous ſes charmes doit toûjours ſe retirer avec ſa courte honte. Ie ne ſçay ſi vous ne ſerez point fâchée contre moy d'avoir fait voſtre Portrait, je ſçay que vous craignez furieuſement qu'on ne parle de vous, quoy que vous soyez bien asseurée que dans la pure verité ce ne peut-estre que pour dire des loüanges admirables. Enfin si je l'ay entrepris mal à propos, je vous en demande pardon.

PORTRAITS.

PORTRAIT DES PRECIEVSES.

'ON a fait quantité de Portraits, mais ce n'a esté que d'vne personne seule ; maintenant j'entreprens celuy de plusieurs qui vivent dans vn mesme esprit, & d'vne mesme maniere. Ce seroit quasi vne sorte de Republique, si ces personnes n'estoient pas nées dans vn Estat Monarchique, où l'on auroit grande peine à en souffrir. Toutesfois la leur est d'vne nature qu'elle n'est pas à redouter ; les

forces de leurs armes, ny celles de leurs charmes ne doivent faire craindre perſonne; & quelque inclination que les François ayent pour les nouveautez, aſſeurément cette ſecte ne ſera point ſuivie, puis qu'elle eſt generalement deſaprouvée de tout le monde, & le ſujet ordinaire de la raillerie de ceux qui ont l'authorité d'en faire impunémét de qui il leur plaiſt. Apres cela l'on ne trouvera nulle temerité en moy d'avoir entrepris leur Portrait, au contraire l'on dira que je ſuis fort du monde & de la Cour, que le torrent m'emporte, que peut-eſtre ſans cela je ne m'en ſerois pas aviſé, & que ce n'eſt que pour faire comme les autres: l'on dira vray, car je ſuis de ces gens qui ſont perſuadez qu'il faut vivre avec les vivans, & qu'il ne ſe faut diſtinguer en rien par affectation & par choix; & que ſi l'on l'eſt du reſte du monde, il faut que ce ſoit par l'approbation qu'il donne à noſtre conduite, que noſtre vertu nous attire cela, & non pas mille façons inutiles, qui ne ſont jamais dans les perſonnes qui en ont vne veritable.

Il me ſeroit difficile de parler de leur beauté, car je n'eſtois pas en âge de diſcernement, lors que celles a qui l'on en voit quelque reſte, l'eſtoient en perfection; pour celles dont j'en pourrois maintenant juger, elles n'en ont aucune, car de peindre comme les Beaubruns, ce n'eſt pas mon talent, il me ſeroit difficile de faire des

PORTRAITS.

visages d'vne ovale bien proportionnée, à celles qui les ont d'vne longueur demesurée ; de faire de beaux nez, à celles qui les ont longs & pointus, ou à d'autres fort camardes ; cela m'est impossible, aussi bien que de petits yeux enfoncez, d'en faire de grands, & d'en appetisser de gros qui sortent de la teste, quoy que toutefois il fust plus aisé de les y faire r'entrer, puis que le tour en est fort descharné & creux ; s'il y en a qui ayent de faux cheveux, soit blonds cendrez, ou clairs bruns, il faut bien les leur laisser, & il seroit difficile de les donner à celles qui les ont roux. Pour la bouche, peu l'ont petite, mais elles ont quasi toutes les dens assez passables, & quoy qu'elles soient & trop grandes, & trop plattes, & mesmes enfoncées, je vous asseure que c'est surquoy la verité leur est plus favorable. Quant à la taille, il y en a qui l'ont passable, mais pas vne fort belle, puis qu'il n'y en a point de qui la gorge le soit, y en ayant dont le sein est de la grosseur des meilleures nourrices de la vallée de Montmorency ; ce qui fait pour l'ordinaire vn fort grand creux au dessus du sein ; les autres l'ont platte au dernier point, & je vous assure que quand leurs tailles n'auroient pas le desagrément que je viens de dire, leur air contraint & décontenancé seroit capable de les gaster ; elles panchent la teste sur l'epaule, font des mines des yeux & de la bouche, ont vne mine méprisante, & vne certaine affectation en tous leurs procedez, qui est extrêmement déplaisante. Quand dans vne compagnie il ne se trouve qu'vne seule Precieuse, elle est dans vn ennuy & vn chagrin qui la fatigue fort, elle bâille, ne respond point à tout ce que l'on luy dit, & si elle y respond, c'est tout de travers, pour faire voir qu'elle ne songe pas à ce qu'elle dit : si c'est à des gens assez hardis pour l'en reprendre, ou, pour mieux dire, assez charitables pour l'aviser de ce qu'elle a dit, ce sont des éclats de rire, disant, Ah Dame, c'est que l'on ne songe pas à ce que l'on dit, le moyen, ah Iesus, est il possible. S'il arrive dans cette compagnie vne autre Precieuse, elles se rallient ensemble, & sans songer qu'elles ne sont pas les plus fortes, elles chargent le prochain, & personne n'en est exempt, & cela fort hardiment, car ce sont des emportemens à rire au nez des gens les plus insuportables du monde. Elles ont quasi vne langue particuliere, car à moins que de les pratiquer, on ne les entend pas. Elles trouvent à redire à tout ce que l'on fait, & à tout ce que l'on dit, & desaprouvent generalement la conduite de tout le monde. Il y en a parmy elles qui font les devotes, par ce qu'elles ont des raisons de famille qui les obligent à prendre ce party, pour pouvoir vivre avec plus de douceur que si elles en vsoient autrement; il y en a qui ne sont pas de religion propre à cela, & elles font entendre

PORTRAITS. 305

tendre que c'eſt la ſeule cauſe qui les en empeſche. Tout cela ſe fait par politique, par ce que les maris ſont rares pour cesDemoiſelles, & vne nopce entre elles eſt de ces choſes qui n'arrivent qu'vne fois en vn ſiecle; la plus grande partie d'elles n'eſtant pas remplie d'autant de treſors dans leurs coffres, qu'elles en croient avoir dans l'eſprit. Elles affectent fort de paroiſtre retirées, quoy qu'elles cherchent fort le monde, ne bougeant de toutes les maiſons de qualité où il va le plus d'honneſtes gens; & meſme cela ne leur ſuffit pas, puis qu'elles vont dans celles où la marchandiſe eſt la plus meſlée, enfin chez les perſonnes qui reçoivent toutes ſortes de gens ſans diſtinction; je dis quelques vnes des Precieuſes, car il y en a qui ne ſe mettent pas tant à tous les jours. Pour les Dames qu'elles hantent, c'eſt ſans en faire difference, car elles en voyent qui leur ſont fort oppoſées : & elles font profeſſion, comme j'ay dit, de s'éloigner du monde, & ne laiſſent pas de voir les plus coquettes, & les plus evaporées femmes de Paris, ſans que leur hantiſe les en corrige. Pour la Cour elles y vont rarement, par ce qu'elles n'y ſont pas les bien-venuës. Si elles ſont coquettes je n'en diray rien, car je fais profeſſion d'eſtre vn Auteur fort veritable, & point médiſant : ainſi je ne toucheray pas ce chapitre, eſtant auſſi perſuadé qu'il n'y a rien a en dire. Elles ſont en matiere d'amitié, comme elles font profeſſion

Q q

d'eſtre ſur l'amour, car elles n'en ont pour perſonne; elles ont la bonté de ſouffrir celle des autres, & d'agréer leurs ſervices, quand elles en ont beſoin; mais craignant de trop fatiguer les perſonnes de qui elles les ſouffrent, elles veulent honorer pluſieurs de la gloire de les ſervir, chacun à ſon temps: & leur grand jugement fait ſon effet ordinaire, car leur memoire n'en eſt point chargée. Il y en a peu qui danſent, par ce qu'elles danſent mal. Elles joüent pour eſtre en quelque choſe à la mode. Elles ſont fort railleuſes, & moqueuſes, & meſme des gens qui ne leur en donnent pas de ſujet. Ie penſe qu'en voila aſſez dit, pour les faire fort bien reconoiſtre. Quand j'ay commencé, je craignois ne pouvoir pas faire vn bon tableau, car les peintres font mal d'ordinaire les choſes à quoy ils ne prennent pas de plaiſir; & aſſurément leurs perſonnes, & leurs viſages ne ſont pas plaiſans à regarder, & meſme je craignois que les traits de mon Portrait ne fuſſent auſſi effacez que ceux de leurs viſages, mais je penſe que leur caractere eſt ſi bien écrit icy, qu'il reparera en vne maniere ce qui ſera effacé en l'autre.

PORTRAIT
DE
MONSIEVR
HVET,
ESCRIT PAR MADAME
D. C.

I je n'euſſe point gagé de vous donner voſtre Portrait pour vne diſcretion, je n'euſſe jamais crû qu'vne perſonne de ma qualité & de mon humeur euſt pû avoir de la repugnance à payer ſes dettes, mais je connois en cette rencontre qu'on en peut faire quelques vnes dont

on ne s'aquitte pas bien volontiers, vous avoüant franchement que j'ay eu de la peine à satisfaire à celle-cy : j'aime neantmoins beaucoup mieux vous devoir cette discretion qu'à vn autre, par ce que j'ay beaucoup plus de bien que de mal à dire de vous, & que je puis vous parler franchement de ce que j'en pense, sans vous flater, & sans vous déplaire : voicy donc ce que je trouve de vous.

Vous estes plus grand & de belle taille, que vous n'avez bon air. Vous estes mieux fait, que vous n'estes agreable. Vous avez le teint trop blanc, & mesme trop delicat pour vn homme; les yeux bleus, plus grands que petits ; les cheveux d'vn blond chastain; le nez bien fait; la bouche grande, mais aussi propre qu'on la peut avoir, car vous avez les lévres incarnates, & les dens d'vn blanc fort éclatant, & qui saute aux yeux. Vous avez le front fort grand. La grandeur de vos traits, & de vostre visage fait que vous avez quelque chose de ces medailles qui representent les Hommes Illustres ; (vous vous doutez bien que j'entens plutost parler, de ces grand Philosophes, que des Conquerans.) Ie ne sçay si ce n'est point la grande reputation de science où vous estes qui me donne cette idée, ou si c'est qu'en effet ces Hommes Illustres estoient faits comme vous: mais si vous n'estes fait comme ceux qui ont esté devant vous, peut-estre que ceux qui viendront apres ne seront pas faschez de vous ressembler,& d'estre faits comme vous aurez esté. Vous avez les mains fort blanches, & la peau fort fine. Il vous paroist plus de netteté naturelle, que de propreté artificielle. Pour de l'esprit, vous en avez assurément autant qu'on en peut avoir, & vostre esprit ressemble à vostre visage, il a plus de beauté que d'agrément. Vous l'avez solide, & capable de toutes les sciences: j'ay entendu dire à tous ceux qui peuvent en bien juger, que vous sçavez tout ce qu'vn homme de vostre âge peut sçavoir; que ce n'est pas en vne science seulement, mais que vous estes vniversel dans toutes, quoy que vous excelliez aux Mathematiques. Vous avez la memoire si heureuse, que je crois que vous n'avez rien oublié de tout ce que vous avez sçeu, qui merite d'estre retenu. Ie crains que la capacité que vous avez pour les grandes choses ne vous donne de l'inapplication & de l'incapacité pour les petites, qui sont de l'exacte bien-seance du monde; ce qui est vn defaut nuisible en ce que la plufpart du monde ne jugeant que fur l'apparence & sur l'exterieur, quand il n'est pas tout-a-fait poli, cela empesche qu'on n'examine le veritable merite, & qu'il ne paroisse. Vous n'estes pas pourtant incivil, mais vostre civilité manque vn peu de politesse. Ce qu'on peut dire sur cela à vostre avantage, c'est que vous pouvez acquerir tout ce qui vous manque, & que vous n'avez rien à retrancher de ce que vous avez : & qu'au lieu que la plufpart du monde à befoin de travailler à paroiftre ce qu'il n'eft pas, vous n'avez qu'à bien paroiftre ce que vous eftes, pour eftre reconnu pour vn fort honnefte homme. Vous avez l'ame bonne à l'égard de Dieu,& vous eftes pieux fans eftre fort devot. Vous eftes fort ferme en la Foy ; & vous avez fi bien fçeu vous fervir de la fcience qui gafte les autres, & qui les fait douter de tout, à vous affermir dans la Religion, que j'eftime qu'on ne peut croire ce qu'elle nous propofe plus fermement que vous faites. Cela m'a paru en tous vos entretiens, & il y a autant à profiter avec vous de ce cofté là, que fur toutes les autres chofes. La bonté de voftre ame eft pour les autres auffi bien que pour Dieu ; car vous eftes commode, point critique, & fi peu porté à juger mal que je crois que voftre bonté pourroit mefme quelquefois duper voftre efprit. Vous eftimez plus legerement que vous ne méprifez. Vous eftes franc, & fincere, & vous avez la franchife d'vn vray homme d'honneur, qui ne fent rien en fon ame qu'il ait intereft de cacher, ny qu'il puiffe avoir honte de dire. Ainfi vous parlez de vos fentimens fort franchement, mais autant que vous eftes franc fur ce qui ne regarde que vous, autant eftes vous refervé fur le fecret des autres : vous y eftes mefme vn peu trop fcrupuleux. Vous eftes incapable de vous vanger, en rendant malice pour malice; & vous estes si peu médisant, que mesme le ressentiment ne vous arracheroit pas vne médisance de la bouche contre vos ennemis; je trouve que vous ne les ménagez que trop selon le monde: je n'entens pas dire pourtant que vous manquiez de sensibilité pour la gloire & pour l'honneur; au contraire, vous y estes delicat jusqu'à l'excez. Vous estes sage, fidele & seur autant qu'on le peut estre. Vous avez beaucoup de modestie, & jusqu'à avoir honte, & estre déconcerté quand on vous loüe. Il me souvient qu'vn jour que vous m'aviez faschée, pour m'en vanger je vous fis rougir devant Monsieur de Longueville, en vous reprochant vostre doctrine. Mais vostre modestie est plus dans les sentimens que vous avez de vous mesme, que dans vostre air, car vous estes modeste sans estre doux; & vous estes docile, quoy que vous ayez l'air rude. Vous estes si promt, & vous soustenez vos opinions avec vne impetuosité si grande, qu'il semble qu'elles vous deviennent vne passion. Vous faites vne vie fort honeste & fort irreprehensible à vn aussi jeune homme que vous estes: & quand vous aurez pris vne profession, je crois que vous pratiquerez ce que vous professerez. Vous estes fort égal; vostre humeur n'est ny trop enjoüée ny trop mélancolique : vous ne haïssez pas pourtant à vous divertir, & vous divertissez aussi fort agreablement les autres. Vous trouvez fort bien le ridicule des choses, & en cela seulement vous avez assez l'esprit de vostre païs. Ie ne crois pas que vous manquiez de tendresse de cœur, mais je crains que vostre tendresse ne manque vn peu de delicatesse. Vous estes constant, & fort veritable en vos paroles, quoy que Normand. Vous avez vne si grande curiosité, qu'il n'y a point de prieres, ny d'importunitez que vous n'employiez pour la satisfaire. Vous manqueriez plutost de défiance, que d'en trop avoir; & cela vient de ce que vous jugez des autres par vous mesme, & qu'ayant beaucoup de probité & de bonté, vous croyez facilement que les autres en ont. Enfin vous estes à mon gré vn fort bon garçon, qui avez asseurément assez de merite pour estre distingué d'avec mille autres gens; y en ayant fort peu dans le monde qui ayent de meilleures choses que vous dans l'essentiel, & moins de mauvaises : & vous valez bien sans doute qu'on desire de vous acquerir pour amy, quand vous ne l'estes pas; & vous conserver, quand vous l'estes.

PORTRAIT

PORTRAIT
DE MADAME LA MARQVISE
DE SEVIGNY,
PAR MADAME LA COMTESSE
DE LA FAYETTE,
SOVS LE NOM D'VN INCONNV.

OVS ceux qui se meslent de peindre des Belles, se tuënt de les embellir pour leur plaire, & n'oseroient leur dire vn seul de leur deffauts; mais pour moy, Madame, grace au privilege d'Inconnu que je suis auprés de vous, je m'en vais vous peindre

bien hardiment, & vous dire toutes vos veritez tout à mon aife, fans craindre de m'attirer voftre colere: je fuis au defefpoir de n'en avoir que d'agreables à vous conter, car ce me feroit vn grand déplaifir, fi apres vous avoir reproché mille defauts, je voyois cet Inconnu auffi bien receu de vous que mille gens qui n'ont fait toute leur vie que vous loüer. Ie ne veux point vous accabler de loüange, & m'amufer à vous dire que voftre taille eft admirable, que voftre teint à vne beauté & vne fleur qui affure que vous n'avez que vingt ans, que voftre bouche, vos dents, & vos cheveux font incomparables : je ne veux point vous dire toutes ces chofes, voftre miroir vous le dit affez; mais comme vous ne vous amufez pas à luy parler, il ne peut vous dire combien vous eftes aimable & charmante, quand vous parlez, & c'eft ce que je vous veux apprendre.

Scachez donc, Madame, fi par hazard vous ne le fçavez pas, que voftre efprit pare & embellit fi fort voftre perfonne, qu'il ny en a point au monde de fi agreable. Lors que vous eftes animée dans vne converfation, dont la contrainte eft bannie, tout ce que vous dites à tel charme, & vous fied fi bien, que vos paroles attirent les ris & les graces autour de vous, & le brillant de voftre efprit donne vn fi grand éclat à voftre teint & à vos yeux, que quoy qu'il femble que l'efprit ne d'euft toucher que les oreilles, il eft pourtant certain que le voſtre éblouït les yeux, & que lors que l'on vous écoute, l'on ne voit plus qu'il manque quelque choſe à la regularité de vos traits, & l'on vous croit la beauté du monde la plus acheuée. Vous pouvez juger, par ce que je viens de vous dire, que ſi je vous ſuis inconnu, vous ne m'eſtes pas inconnuë; & qu'il faut que j'aye eu plus d'vne fois l'honneur de vous voir & de vous entretenir, pour avoir démeſlé ce qui fait en vous cet agrément, dont tout le monde eſt ſurpris : mais je veux encor vous faire voir, Madame, que je ne connois pas moins les qualitez ſolides qui ſont en vous, que je fais les agreables, dont on en eſt touché. Voſtre ame eſt grande, noble, propre à diſpenſer des treſors, & incapable de s'abaiſſer au ſoin d'en amaſſer. Vous eſtes ſenſible à la gloire, & à l'ambition, & vous ne l'eſtes pas moins au plaiſir. Vous paroiſſez née pour eux, & il ſemble qu'ils ſoient faits pour vous. Voſtre preſence augmente les divertiſſemens, & les divertiſſemens augmentent voſtre beauté, lors qu'ils vous environnent; enfin la joye eſt l'eſtat veritable de voſtre ame, & le chagrin vous eſt plus contraire qu'à perſonne du monde. Vous eſtes naturellement tendre & paſſionnée, mais à la honte de noſtre ſexe, cette tendreſſe nous a eſté inutile, & vous l'avez renfermée dans le voſtre, en la donnant à Madame de la Fayette. Ha, Madame, s'il y avoit quelqu'vn au monde aſſez heureux, pour que vous ne l'euſſiez pas trouvé indigne de ce treſor dont elle joüit, & qu'il n'euſt pas tout mis en vſage pour le poſſeder, il meriteroit toutes les diſgraces dont l'amour peut accabler ceux qui vivent ſous ſon Empire. Quel bon-heur d'eſtre le maiſtre d'vn cœur comme le voſtre, dont les ſentimens fuſſent expliquez par cet eſprit galant & agreable que les Dieux vous ont donné:& voſtre cœur, Madame, eſt ſans doute vn bien qui ne ſe peut meriter; jamais il n'y en eut vn ſi genereux, ſi bien fait & ſi fidele. Il y a des gens qui vous ſoupçonnent de ne le montrer pas toûjours tel qu'il eſt, mais au contraire vous eſtes ſi accoutumée à n'y rien ſentir qu'il ne vous ſoit honorable de montrer, que meſme vous y laiſſez voir quelquefois ce que la prudence du ſiecle vous obligeroit de cacher. Vous eſtes née la plus civile,& la plus obligeante perſonne qui ait jamais eſté; & par vn air libre & doux qui eſt dans toutes vos actions, les plus ſimples complimens de bien-ſeance paroiſſent en voſtre bouche des proteſtations d'amitié, & tous ceux qui ſortent d'aupres de vous, s'en vont perſuadés de voſtre eſtime & de voſtre bien-veillance, ſans qu'ils ſe puiſſent dire à eux meſmes quelle marque vous leur avez donnée de l'vn & de l'autre. Enfin vous avez receu des graces du Ciel qui n'ont jamais eſté données qu'à vous,& le monde

PORTRAITS.

vous eſt obligé de luy eſtre venu montrer mille agreables qualitez, qui iuſques icy luy avoient eſté inconnuës. Ie ne veux point m'embarquer à vous les dépeindre toutes, car je romprois le deſſein que j'ay fait de ne vous accabler pas de loüanges, & de plus, Madame, pour vous en donner qui fuſſent dignes de vous, & dignes de paroiſtre,

Il faudroit eſtre voſtre amant
Et je n'ay pas l'honneur de l'eſtre.

DIVERS

PORTRAIT
DE ****

'ESTANT trouvé fort inutile en mon quartier d'Hyver, & me voyant dans vn village où il n'y avoit Gentils-hommes, ny Demoiselles, & pas mesme des Haubereaux ; apres avoir passé mes journées à chasser & à lire, je trouvois encore beaucoup de temps à m'employer ; de sorte que plutost que d'estre contraint de chercher la conversation des Païsans, je me suis amusé à faire mon Portrait. Voicy donc ce que c'est que de moy, afin que ce qui y sera de mauvais soit corrigé par mes amis ; & que ce que l'on y trouvera de bon soit cultivé, pour tascher par le moyen de leurs bons avis, de devenir vn jour

honnefte homme.

Ie n'ay que faire de prendre le nom de Tyrfis, ny d'Abradate, ou pareils noms de Romans, pour ne pas mettre le mien, puifque celuy que je porte eft vn nom emprunté auffi bien que ceux la. Pour moy j'aimerois fort à y mettre mon veritable, mais certaines raifons m'en empefchent, dont j'ay beaucoup de déplaifir. I'ay affez fait entendre mon âge par ce que je viens de dire, on connoiftra auffi fans doute ma naiffance. Ie fuis grand & affez bien fait dans ma taille. I'auray la tefte paffable, car maintenant mes cheveux n'ont pas pris leur croiffance; ils font bruns, & d'vne affez belle couleur. Ie ne fuis point laid, je n'ay rien qui choque, au contraire j'ofe dire que mon abord ne déplaift point, car on m'a dit toûjours que quand on me voit je fais reffouvenir de perfonnes qui font honorées & aimées de tout le monde, fans toute-fois avoir l'honneur de leur reffembler qu'affez pour faire connoiftre qui je fuis. Ie ne fçay fi j'ay de l'efprit ; & mefme je doute que le monde en puiffe juger, car je me hazarde peu à parler, craignant les railleries que l'on fait d'ordinaire des jeunes gens qui s'émancipent trop. Pour du cœur je m'en fens fuffifamment pourveu: j'ay mefme de l'ambition, mais je la retiens jufques à tant qu'il plaife à la fortune de me donner lieu de la faire paroiftre. A propos, j'aime la lecture, & la converfation des Dames;

j'ay l'humeur fort galante, mais je me défie de mon merite, & c'eſt ce qui m'empeſche que l'on ne s'en aperçoive. Il me ſemble que devant que de me hazarder à la galanterie, je dois m'eſtre fort hazardé à la guerre, & qu'il faut avoir fait pluſieurs Campagnes à l'armée, premier que de faire vn quartier d'hyver à la Cour. Quand je me trouveray aſſez honneſte homme pour y pouvoir reüſſir, vous verrez que je feray rage, & qu'il n'y aura Blondin qui tienne devant moy : je feray alors plus propre & plus magnifique que je ne ſuis. Ce n'eſt pas que la fortune ne m'ait deſia eſté favorable en quelque choſe, puiſqu'elle m'a procuré la protection d'vne divinité viſible, plus liberale que la fortune meſme ; car elle ne fait que du bien, & le fait de ſi bonne grace qu'en cette rencontre il faut renverſer le Proverbe, & dire qu'il eſt plus glorieux de recevoir que de donner. Elle eſt auſſi plus judicieuſe qu'elle, car elle ſçait faire choix, & regarde autant au merite qu'à la perſonne : il faut donc que j'en acquere à quelque prix que ce ſoit, quand ce ne ſeroit que pour juſtifier ſes bontez envers moy. I'ay ſeulement à craindre que quelque mouſquetade ne m'attrape en chemin : mais ſi je ne ſuis pas aſſez heureux pour parvenir où je deſire, elle ne me fera point trop toſt finir ma deſtinée, car je ſuis perſuadé qu'il faut eſtre Ceſar, ou rien.

PORTRAIT

PORTRAITS.

PORTRAIT
DE
MADAME
L'ABBESSE
DE CAEN,
FAIT PAR MONSIEVR HVET.

IL ne vous déplaira pas, Madame, qu'avant que de travailler à voſtre Portrait, ie vous raconte vne hiſtoriette qui ſera toute propre à luy ſervir de preambule. Celle qui merita la premiere les bonnes graces d'Alexandre le Grand, s'appelloit Pancaste : c'estoit vne fille d'vne beauté admirable : Alexandre commanda à Apelles de la peindre ; cela ne se pouvoit faire sans la voir, & il estoit difficile de la voir sans l'aimer; & en effet, tandis que ce grand Peintre tira les traits de son visage sur le tableau, Amour meilleur peintre que luy, les marqua si vivement dans son cœur, que jamais depuis ils n'en purent estre effacez. Ie vous laisse maintenant à faire l'application de cela, & cependant je vais prendre mon pinceau.

Comme c'est vne beauté à laquelle je suis fort sensible que celle du nez, & qui est peu considerée dans les Portraits d'aujourd'huy, quoy qu'elle soit la plus apparente, trouvez bon, Madame, que je commence par le vostre : il est grand, mais de grandeur mediocre; il est blanc, vn peu aquilin, & rend vostre ris fort spirituel. Vostre bouche, quand il vous plaist, est incomparable, c'est à dire quand vous ne la laissez pas tomber negligemment; elle n'est ny trop grande ny trop petite, les lévres en sont vermeilles & façonnées; & quand vous estes dans vostre humeur enjoüée, & qu'il vous prend fantaisie de contrefaire les gens, vous en sçavez faire mille petites grimaces les plus jolies du monde, & les plus touchantes. Pour vos yeux, leur reputation est si bien establie, que je n'ay pas besoin d'en parler, pour faire sçavoir que ce sont les plus beaux yeux du monde. Vous avez le teint blanc, meflé d'incarnat, & extrémement vif. Tout cela compofe vn vifage affez plein, & fort ouvert, remply de beaucoup de douceur, & d'vne phyfionomie haute; & ce vifage eftant fouftenu d'vn taille grande & fort pleine, vous donne vne maiefté tres convenable à voftre dignité. On ne peut imaginer de plus beaux cheveux que les voftres; ils font d'vn blond cendré, & frifez d'vne maniere fort agreable, & ils accompagneroient admirablement bien voftre vifage, à ce que j'ay pû juger, quand ils fe font dérobez par hazard au foin que vous prenez de les cacher. N'ayant jamais veu voftre gorge, je n'en puis parler, mais fi voftre feverité & voftre modeftie me vouloient permettre de dire le jugement que j'en fais fur les apparences, je jurerois qu'il n'y a rien de plus accomply. Vous avez de quoy faire de tres belles mains, la peau en eft blanche & fine, & elles font tout-a-fait bien taillées; mais l'indifference que voftre vertu vous oblige d'avoir pour voftre corps, comme pour la plufpart des chofes de la terre, vous empefche d'en prendre le foin. Vous avez l'air fort relevé, & faifant affez connoiftre que vous eftes vne perfonne de haute qualité, & d'vne naiffance tres illuftre : cet air eft fier dans l'abord, mais il fe radoucit à mefure que la familiarité vient. La joye & la guayeté vous font fi naturelles, que dés que vous vous meflez d'eftre trifte, la trifteffe vous abbat incontinent: cependant vous vous y laiſſez emporter aiſément, & le peu de réſiſtance que vous avez contre ~~elle~~, vous fait perdre la grande égalité qui eſt d'ailleurs dans voſtre humeur. Vous avez tant de ſanté & d'embompoint, que vous eſtes ſouvent malade à force de vous porter bien. J'aurois apris quelles ſont ces maladies, ſi vous ne m'euſſiez pas commandé dernierement de m'éloigner, tandis que vous en entreteniez voſtre medecin.

<small>cette paſsion</small>

Tout ce que j'ay dit eſt peu de choſe en comparaiſon de ce que je vais dire ſur le chapitre de voſtre ame, dont les beautez vous rendent mille fois encore plus aimable que celles du corps. Voſtre ame eſt pleine de pieté, mais non pas d'vne pieté ſcrupuleuſe, inquiete, baſſe, rude, chagrine, & qui s'arreſte à l'écorce du bien & de la vertu; mais d'vne pieté ſolide, conſtante, guaye, facile, & qui prend la vertu par ſon principe. C'a eſté par cette pieté que vous avez quitté les grandes fortunes qui vous attendoient dans le monde, pour choiſir vne vie ſolitaire & laborieuſe; & c'eſt maintenant par elle que vous en ſupportez les peines & les auſteritez avec vne force & vne patience nompareille, & meſme avec joye & avec plaiſir. Apres cette qualité je ne vois rien en vous de plus recommandable que voſtre bonté : je ne ſçay pas quel jugement en font les autres, mais pour moy, Madame, j'en suis si touché, que si vous me voulez bien permettre de vous parler vn peu moins respectueusement que je ne dois, je vous asseureray que ce fut principalement par cette bonté que d'abord vous gagnastes mon cœur, & que vous le possedez encore presentement; & comme c'est vne bonté à durer long-temps, puisque elle vous est naturelle, je ne prevois pas que je puisse jamais reprendre ce que vous m'avez osté. Serieusement vous estes digne par là de l'admiration & de l'amour de tout le monde, car vous avez vne indulgence pour tous les defauts, & vne condescendance pour toutes les foiblesses qu'on ne peut assez loüer. Vous vous servez de cette bonté fort à propos, car vous l'employez envers ceux qui s'en rendent dignes par leur soumission, ou par leur repentir; mais contre ceux qui s'opiniatrent dans le mal, au lieu de le reconnoistre & de s'en corriger, ou qui manquent à ce que vous croyez vous estre dû, vous vous servez de vostre fierté avec hauteur.

Comme vous estes bonne, vous avez aussi les defauts des bonnes gens. Vous estes prompte & colere, mais c'est vn feu qui est esteint aussi-tost qu'allumé, & qui ne laisse aucune fumée, ny aucune noirceur dans vostre ame. Vous croyez aisément le bien, & vous n'estes pas assez soupçonneuse: mais Dieu gard' de mal qui l'est encor moins que vous. Vous aimez les gens de bien,

& de merite; mais vous n'avez pas la force de rebuter ceux qui se couvrent de l'apparence de la probité, quoy que vous ayez reconnu leurs vices; car vous ne vous contentez pas d'aimer la vertu, vous ne sçauriez mesme haïr ce qui la contrefait & qui l'imite; ou si vous le pouvez haïr, vous ne pouvez le mal-traiter. Ie ne comprens pas comment estant telle que je dis, vous pouvez estre dissimulée & secrette au point que vous l'estes; mais on ne peut pas mieux cacher sa pensée, & déguiser ses sentimens que vous faites, quand la prudence vous y oblige : car quoy que vous soyez naturellement fort franche & ingenuë, neantmoins vos reflexions, & vostre experience vous ont apris que tout le monde n'est pas si bon que vous, & que le secret n'est pas seulement vtile, mais mesme qu'il est souvent necessaire. Vous estes extrémement & mesme trop sensible à vostre reputation, car bien que nous soyons obligez d'en estre fort soigneux, neantmoins quand nous avons satisfait à nostre devoir, nous devons nous reposer sur la netteté de nostre conscience, sans nous soucier beaucoup de la calomnie, & des discours du sot & malicieux vulgaire.

Mais passons à vostre esprit ; vous vous sentez sans doute si forte la dessus, que vous estes desia assurée du bien que j'en diray; vous avez raison, car vous avez l'esprit d'vne activité incroyable,

d'vne comprehenfion fi vive à concevoir les chofes, & d'vne fi grande promptitude à les produire,
qu'à peine vous peut on fuivre. Vous eftes fort
éloquente, particulierement quand vous eftes é-
meüe de quelque paffion ; mais felon mon jugement vous écrivez mieux encore que vous ne
parlez : vos termes font choifis, voftre énoncia-
tion eft nette & riche, & vos penfées font juftes,
en forte qu'on prendroit plutoft vos écrits pour
les ouvrages d'vn Academicien, que d'vne perfonne de voftre fexe : auffi eftes vous affurément
bien au deffus, & par vos lumieres naturelles, &
par celles que vous avez acquifes. Voftre efprit
s'eftend jufqu'au bout de vos doits, dont vous fçavez faire toutes fortes d'ouvrages avec vne adreffe
inimitable ; & mefme vous contrefaites fi bien
les écritures, que fi vous eftiez née Notaire, vous
euffiez couru grande fortune d'eftre reprife de
Iuftice.

Il ne me refte plus qu'à parler de voftre cœur
pour achever mon entreprife. Vous l'avez plein
de courage & de refolution. Vous eftes ferme
dans l'adverfité, & modefte dans la profperité.
Vous avez de la gloire, mais c'eft de la belle, &
qui vous porte à defirer les grandes chofes : &
pour dire le vray, eftant ce que vous eftes, vous
ne fçauriez fans baffeffe n'avoir pas beaucoup
d'ambition. Vous eftes fplendide & liberale, &
vous avez encore retenu de voftre naiffance l'a-

mour pour l'éclat & pour la pompe. Vous avez bonne opinion de vous-mefme, autant que l'humilité dont vous faites profeſſion vous le peut permettre; & cette opinion me femble fort legitime, & bien fondée. Vous eftes capable d'aimer, & d'aimer longtemps, je ne fçay fi ce pourroit eftre pour toûjours; mais de qui peut on faire ce jugement? Vous avez divers degrez d'amitié; dans la diftribution que vous en faites, vous donnez peu à la reconnoiſſance, davantage au merite, mais prefque tout à l'inclination: ainfi quand on peut parvenir à l'honneur de vos bonnes graces, il en faut fçavoir gré principalement aux étoiles. l'eftime que vous feriez capable de faire beaucoup pour ceux qui feroient du nombre de ces élus, & que pour les obliger vous iriez mefme au devant, non feulement de leurs demandes, mais auſſi de leurs fouhaits. Quel rang dois-je donc croire, Madame, que je tiens parmy eux, puifque par mille prieres, & apres mille promeſſes, je ne puis obtenir de vous vne grace fort legere, fi je ne l'achete encor au prix de ce travail? Mais j'efpere enfin que puifque je m'en fuis acquitté, finon avec fuccez, au moins avec diligence, vous ne me laiſſerez pas languir plus long temps dans l'attente d'vne faveur que vous ne devriez pas refufer au moindre de vos amis.

PORTRAIT

PORTRAIT
DE
MADEMOISELLE,
PAR MONSIEVR DE SEGRAIS.

Escends de la montagne
à la double colline,
Et quitte les concerts de
la troupe diuine ;
Apollon, ton sçauoir des
ans victorieux
Ne se limite point aux
airs melodieux :
Tu sçais mille secrets aux mortels secourables ;
Il n'est point, quand tu veux, de douleurs incurables ;

Tt

Seul tu connois des Cieux les mouuemens certains;
Dans les Astres tu lis le destin des Humains :
Mais je laisse chercher ces sciences fameuses
Aux auares esprits, aux ames curieuses;
Toûjours j'abandonnay mon tranquille loisir
Aux appas innocens d'vn honneste plaisir;
Maintenant transporté de l'ardeur qui me picque,
Tu me fais conceuoir vn dessein magnifique,
Et l'objet qui m'anime à ce pompeux dessein
Merite le secours de ta diuine main.
Donc, si par toy fleurit la noble Architecture,
Le trauail immortel de la lente sculpture,
Le diuin art d'Apelle, & les crayons sçauans
Encor si renommés par leurs traits deceuans;
Pour l'Honneur de ces lieux, la Pallas de nostre âge,
Vien toy mesme, grand Dieu, disposer mon ouvrage;
Architecte auiourd'huy, Peintre, & docte Sculpteur
De mon hardi projet vien te montrer l'autheur.

 L'Orne delicieuse arrose vn saint bocage,
Que Malherbe autrefois sur ce plaisant riuage
Planta de ses lauriers sur le Pinde cueillis,
Et dont est ombragé tout l'Empire des Lys.

Et moy, si je reviens de la longue carriere,
Où l'ardeur de quitter la terrestre poussiere
Emporte malgré moy mon vol audacieux
Sur les illustres pas qui conduisent aux Cieux:
Si j'aborde iamais la plage reclamée
Courbé sous le doux faix des rameaux d'Idumée,
Ie les destine encore à ce charmant sejour,
Ma celebre Patrie, & mon premier amour.
Là, si des saints Lauriers i'ose approcher ces Palmes,
Ie pourray les voir croistre, & sous leurs ombres calmes
Le reste de mes iours en paix les cultiuant,
Dans la voix des mortels laisser mon Nom viuant.
 Mais tel qu'ayant finy sa course vagabonde
Le Nocher échapé de la fureur de l'onde,
Pour acquitter les vœux promis aux Immortels,
Soudain fait sur le bord fumer leurs saints autels,
Où de sa nef au Temple append l'artiste image,
Pasle encore, & tremblant des terreurs du naufrage:
Tel voulant celebrer la grande Deïté,
Qui me guide au sentier de l'Immortalité;
Par qui i'ose esperer de garantir ma vie
Du souffle enuenimé de la mordante enuie;

Et dont les doux regards illuminent mon cœur
Du beau feu, dont tu fais sentir la viue ardeur;
Par ton diuin secours dans ce sacré bocage
D'vn Temple merueilleux je medite l'ouvrage.

Tu m'entends, c'en est fait, bien-tost l'ouvrage est prest,
L'estoffe est assemblée, & le dessein te plaist.
De ton brillant Palais, du char de la lumiere
Tu prends pour le former l'eclatante matiere.
Sur vingt degrez de jaspe aux portes on parvient,
Les portes sont d'argent, que l'or ioint, & soutient.
Dieux que ce Temple est vaste! aussi la renommée
N'en sera pas si-tost par la terre semée,
Que les Roys enchaisnez viendront de toutes parts
S'immoler à la NYMPHE, au feu de ses regards;
Et les peuples vnis à ce grand sacrifice
Tascher par mille veux de la rendre propice.
Mais la masse s'esleve, & semble dans les Cieux
Cacher avec orgueil son faiste audacieux.
Les riches lames d'or de diverse figure
Du dôme font briller la superbe structure.
Abandonne la regle, & songe aux ornements
Dont le trauail s'égale au prix des diamants.

PORTRAITS.

En cent marbres diuers, sur la voute éleuée
Des Heros ses ayeuls soit l'histoire grauée ;
Ou que l'art enchanteur d'vn habile pinceau
Imitant le trauail de l'artiste ciseau,
Semble faire sortir des épaisses murailles
De ces grands Conquerans les celebres batailles :
Qu'icy le fier Martel sur vn cheual fougueux
Foule les bataillons du More belliqueux :
Au Trosne des Cesars éleue Charlemagne,
Qui donne l'Italie, & deliure l'Espagne :
Que l'Auguste Philipe, & Charles le Vainqueur,
Chassent, comme troupeaux, l'Anglois vsurpateur ;
Qu'il gagne ses vaisseaux, qu'il en coupe les cables,
Et laisse sur nos bords ses ancres dans les sables.
Que si tu veux mesler dans ces affreux combats
La fameuse Pucelle ensanglantant son bras,
Pour marquer son courage, & sa vaillante adresse,
Emprunte la fierté de ma grande Princesse.
Là, que dans vn long ordre on voye aux châps de Mars
Les Bourbons déployer leurs nobles estandars ;
Car quiconque à porté ce Nom rempli de gloire,
En a par mille exploits consacré la memoire.

Que sur cent grandes nefs paroisse au premier rang
Le Roy vaillant & saint, source de ce beau sang,
Voler aux bords du Nil, & transporté de zele
Affranchir le Iourdain du ioug de l'Infidelle.
Qu'icy le grand HENRY par ses illustres faits
Ayant fait refleurir l'Abondance, & la Paix,
Sous l'éclatant lambris de la voute azurée,
Sauoure les douceurs d'éternelle durée,
Boiue le doux Nectar auec les Immortels,
Et comme eux des humains reçoiue des autels.
Que sur ses pas hardis par mille funerailles
GASTON sappe les tours, & s'ouvre les murailles :
Peins Courtray, Graveline, & ses flancs meurtriers,
Qui iettent l'épouuante aux plus hardis guerriers,
Et figure si bien comme il les mist en poudre
Qu'on pense oüir gronder ~~leur~~ sa belliqueuse foudre.
  Ie m'égare, & me perds en ce vaste sujet,
Suy moy, Pere des Arts, & regle mon projet.
Loin d'offrir tout le Temple à cette illustre Race,
Il faut, tout grand qu'il est, en menager la place :
L'objet qu'à mille Roys i'y veux faire adorer,
Sans que j'emprunte rien, à dequoy le parer ;

PORTRAITS.

*Et si tu veux tracer ses belles auantures,
Il n'en faut point chercher aux sombres sepultures.
 Telle qu'on void Diane à l'ombrage d'un bois,
Le dos encor chargé de son riche carquois,
A son bal inuiter la troupe des Dryades,
Et surpasser l'éclat des blondes Oreades:
Telle au premier Tableau placé dans un beau jour,
Paroistra la PRINCESSE au milieu de la Cour,
Autant par son air haut, que par son origine
Des Nymphes surpassant la majesté divine.
Soit qu'aux tons rauissans d'un concert plein d'appas
Esleuant sa démarche, & mesurant ses pas,
Plus brillante que l'or dont sa robe estincelle,
Elle attire à la fois tous les regards sur elle:
Soit qu'auecque sa troupe en un bocage espais,
De la grande Iunon quittant le grand palais,
Sous l'habit innocent d'une simple bergere,
Elle dance aux chansons sur la verte fougere.
 Dans un plus vaste champ peint dans l'autre Tableau,
Qu'elle poursuiue un cerf, qui gagne un clair ruisseau:
Marque loin au devant de sa leste cohorte
Son cheval glorieux du fardeau qu'il emporte,*

Qu'il paroisse bannir, que l'herbe sous ses pas
Demeure ferme, & droite, & ne se courbe pas;
Et qu'à ses promt's eslans on voye en grosses ondes
De la Nymphe floter les belles tresses blondes:
Qu'elle ait un dard en main, qu'elle semble lancer,
Que son rapide cours paroisse devancer.
  Non loin, pour figurer son belliqueux courage,
Peins deux camps animez d'une pareille rage
S'appeller au combat par des cris furieux,
Et les chefs avancez se menaser des yeux;
La Princesse les voir, & d'un front intrepide
Reprimer la fureur de tant de sang avide;
D'un visage asseuré passer les rangs espais,
Et ramener les chefs au desir de la paix:
Marque en ses yeux brillans le beau feu qui l'anime
Pour les cœurs embrasez d'un desir magnanime,
Et fay briller encor sur le front des soldats
L'amour qu'ils ont conçeu pour ses divins appas.
  Mais le son éclatant des guerrieres trompettes
Ne luy fait point haïr nos champestres musettes:
Elle n'ignore point que sans tes vers lauriers
Flestrissent dans l'oubly ceux des plus grands guerriers.
              Laisse

PORTRAITS.

Laisse donc dans les camps les armes sanguinaires,
Et passe pour la suivre aux antres solitaires :
Soit pour la peindre assise entre les doctes sœurs,
Goustant de leurs concers les charmantes douceurs,
Admirant les beautez d'un ouvrage heroïque,
Sans dédaigner les jeux de la scene comique :
Soit que ton feu celeste en sa grande ame espris,
Tu te peignes toy mesme admirant ses escrits,
Et faisant remarquer leur beauté naturelle
Aux Graces qui jamais ne s'esloignerent d'elle.
Pour mieux representer par quels charmans accords
Vn si puissant Genie anime vn si beau corps,
Exprime comme vn mot de sa bouche éloquente
Peut calmer la fureur d'vne foule insolente :
Fay que l'on pense voir vn grand peuple irrité
S'adoucir à l'aspect de tant de majesté ;
Et voir tomber des mains de ce monstre sauvage
Les grez, & les tisons dont il armoit sa rage.

   Sur tout, Dieu du sçavoir, il faut dans vn Tableau
D'vn art ingenieux, & d'vn dessein nouveau,
D'Amour par tout vainqueur faire voir la deffaite,
Et le coup qu'en secret sa vengeance projette.

Qu'en vn bocage espais de myrtes amoureux,
Dans le triste maintien d'vn chasseur malheureux,
Honteux, & fugitif, l'œil ardent de colere,
Il vienne se sauver dans les bras de sa mere;
Luy montre son carquois vainement épuisé,
Son flambeau sans lumiere, avec son arc brisé;
Semblant, pour l'engager en sa grande querelle,
Luy dire, que la NYMPHE est plus charmante qu'elle.

    Qui pourra le nier, quand sur le saint autel,
Du ciseau, qui rendit Phidias immortel,
Ta main voudra tailler son adorable image,
Et par ce grand chef-d'œuvre accomplir ton ouvrage ?

    Mais quel marbre assez rare en sa vive blancheur,
Peut montrer de son teint l'éclat, & la frescheur,
Qui conservant des Lys la candide innocence
Prouve si dignement son auguste naissance.

    Quels feux, si ce n'est point vn de ces clairs rayons
Dont tu sçais animer tout ce que nous voyons,
Marqueront par des traits aux ans ineffaçables
Ses yeux, moins à des yeux, qu'à toy mesme semblables,
Quand par tes doux regards, en vn jour clair & pur,
Tu fais du vaste Olympe estinceler l'azur.

Est-ce assez des rubis, ou de l'éclat des roses
Dans l'aimable saison nouvellement écloses,
Pour marquer cette bouche, ou ces charmantes fleurs
Toûjours, comme au printemps, font briller leurs couleurs,
Cette bouche adorable, & feconde en miracles,
Et par qui desormais tu rendras tes oracles.
 Mais que je crains pour toy, qu'enfin ayant formé
Ce beau corps, tel qu'il est, d'un albastre animé,
Un feu qui n'éteint point ne coule dans ton ame
De ces deux monts de neige, où tout desir s'enflame:
Garde toy d'y jetter un regard curieux;
Attache à ses habits tes soins industrieux;
Marques y cet air libre, & cette negligence
Qui les met au dessus de leur magnificence:
Plus belle que Venus elle en hait les appas;
Et ne veut ressembler qu'à la chaste Pallas:
Donne luy donc un casque à l'ondoyant pennache,
Laisse pendre à son bras la terrible Rondache;
Que sa divine main plus propre à prendre un cœur
Semble agiter ce dard d'Ilion la terreur;
Ce dard qu'en mille lieux a suivy la victoire,
Cette divine main plus blanche que l'yvoire.

Poursuy, docte artisan, d'vn art ingenieux
Ouvre sur le genou ses habits precieux,
Pour laisser de la jambe admirer la figure,
Et d'vn pied si bien fait l'agreable structure.
C'est alors, qu'adorant ton ouvrage achevé,
Tu reprendras la lyre, & d'vn ton eslevé
Tu chanteras sa gloire, où par mille cantiques
Vanteras son courage, & ses faits heroïques:
Tu diras que ce cœur si fier, si genereux
Ne se laisse émouvoir qu'aux pleurs des malheureux;
Qu'il sert aux opprimez de refuge, & d'azile,
Dans l'vn & l'autre sort pour luy mesme tranquile;
Que libre, & des perils ne pouvant s'estonner,
Par sa seule parole il se laisse enchaisner,
Est seur en sa promesse, est sensible, est fidele
Aux secrets, aux ennuis qu'on partage avec elle.
Tu diras que sincere en ses affections,
Elle ne connoist point d'indignes passions;
Que d'vne juste main dispersant ses richesses,
Sa façon de donner redouble ses largesses;
Qu'elle fait au merite vn gracieux accueil,
Civile sans bassesse, & fiere sans orgueil;

Sans que cette douceur sçavante en l'art de plaire
Inspire aux plus hardis vn penser temeraire.
Tantost tu chanteras dans vn air concerté
De ce fecond esprit la vive activité,
Les rapides eslans, qui l'eslevent de terre,
Percent la region où se fait le tonnerre,
Luy font voir d'vn clin d'œil les siecles les plus vieux,
Et la font penetrer dans les secrets des Dieux.
Ajouste qu'elle est juste, intrepide, immuable ;
Vante encor de ses doits l'adresse inimitable :
Mais quand tu finiras par tant de pieté,
Sera ce point des Dieux blâmer la cruauté,
Et nous faire nier leur juste providence,
De ne luy donner pas vn sceptre en recompense ?
Grand Dieu pour m'eslever à tes airs ravissans,
Epure mes esprits, illumine mes sens.

 Ainsi jamais ton Isle incertaine, & flotante
Ne se voye exposée à la vague inconstante ;
Et puisse s'effacer l'amour infortuné,
Dont ton cœur soûpira pour l'ingrate Daphné.
Ny tonnerre grondant, ny pluvieux nuage
Ne derobe aux mortels ton radieux visage ;

DIVERS

Iamais il ne soit rien de si charmant que toy,
Hors la NYMPHE & l'objet qui me tient sous sa loy.

TABLE
DES
PORTRAITS

Portrait de Madame la Princeſſe de Tarente, fait par elle meſme, page 1.
Portrait de Mademoiſelle de la Trimoüille, fait par elle meſme, page 9.
Portrait de Madame la Ducheſſe de la Trimoüille, fait par elle meſme, page 15.
Portrait de Monſieur le Prince de Tarente, fait par luy meſme, page 23.
Portrait de Mademoiſelle, fait par elle meſme, page 29.
Portrait de Monſieur le Marquis de la Rochepoſé, fait par luy meſme, page 37.
Portrait de Monſieur de Brais Eſcuyer de Mademoiſelle, fait par elle meſme, page 43.

X x

TABLE.

Portrait de Monsieur le Chevalier de Bethune, fait par Mademoiselle, page 47.

Portrait de la Princesse d'Angleterre, sous le nom de la Princesse Cleopatre, fait par Madame de Bregis, page 50.

Portrait de Madame l'Abbesse de Caen, fait par elle mesme, page 53.

Portrait de la fille de Madame la Princesse de Tarente, aagée de cinq ans & demy, fait par elle mesme, page 64.

Portrait de la Reyne de Suede, escrit par Madame la Comtesse de Bregis, p. 66.

Portrait de Mademoiselle de Vandy, fait par Mademoiselle, page 71.

Portrait de Madame la Duchesse d'Espernon, fait par Mademoiselle, p. 77.

Portrait de Monsieur d'Antragues, fait par Mademoiselle, p. 83.

Portrait d'Amaranthe, escrit par Mademoiselle, p. 88.

Portrait de Monsieur Guilloyre Secretaire des commandemens de Mademoiselle, escrit par elle mesme, p. 94.

Portrait de Mademoiselle de Saumaise, sous le nom d'Iris, fait par Madame de Bregis, p 99.

Portrait de Madame la Comtesse de Brienne, fait par Mademoiselle, p. 102.

Portrait de Madame de Monglat, fait par Mademoiselle, p. 107.

TABLE.

Portrait de Madame de Pontac premiere Prefidente de Bordeaux, fait par elle mefme, p. 113.

Portrait de Madame de Choify, fous le nom de Philis, fait par Madame la Comteffe de Bregis, p. 119.

Portrait de Lindamor, fait par Madame la Comteffe d'Efche, p. 122.

Portrait de Madame la Marquife de Mauny, fait par elle mefme, p. 126.

Portrait de Madame la Comteffe de Brienne la fille, fait par elle mefme, p. 133.

Portrait de Madame la Ducheffe de Vitry, fait par elle mefme, page 138.

Portrait de Cloris, fait par Mademoifelle, p. 146.

Portrait de Madame la Ducheffe de Saint Simon, fait par Madame la Marquife de Gamache, p. 151.

Portrait de Madame la Comteffe de Maure, fait par Monfieur le Marquis de Sourdis, p. 156.

Portrait de Mademoifelle Cornuel, fous le nom de la Reyne Marguerite, fait par Monfieur de Vineuil, page 161.

Portrait de Madame la Comteffe d'Olone, fait par Monfieur de Vineuil, page 165.

Portrait de Madame la Marquife de Gouville, fait par Monfieur de Iuffac, page 171.

Portrait du Roy, fous le nom de Tyrfis en Berger, fait par Madame la Comteffe de Bregis, p. 183.

TABLE

Portrait de Mademoiselle, fait par Madame la Comteſſe de la Suſe, page 187.

Portrait d'vne perſonne inconnuë, dont on ne ſçait point l'auteur, page 194.

Portrait de Madame la Ducheſſe de Crequy, fait par Monſieur le Marquis de Sourdis, p. 199.

Portrait de Monſieur, fait par Mademoiſelle, p.204.

Portrait de M. L. D. C. page 209.

Portrait d'Amaryllis, page 217.

Portrait de Madame de Chaſtillon, fait par elle meſme, page 222.

Portrait de la Reyne, fait par Madame la Comteſſe de Brienne la Mere, page 225.

Portrait de Monſieur le Comte de Brienne, Secretaire d'Eſtat, fait par Madame la Marquiſe de Gamache ſa Fille, page 229.

Portrait de Madame la Comteſſe de Brienne la Mere, fait par Madame la Marquiſe de Gamache ſa Fille, page 234.

Portrait de la Reyne, fait par Madame de Motteville, page 237.

Portrait de Madame la Ducheſſe d'Eſpernon, ſous le nom de Sylvanire, fait par Madame de Choiſy, page 252.

Portrait de Madame de Choiſy, ſous le nom de la Charmante Exilée, fait par Mademoiſelle, page 256.

Portrait d'vn Vieillard inconnu, page 262.

TABLE.

Portrait du Roy, fait par Mademoiselle, p. 265.
Portrait de Nestor, page 270.
Portrait de Madame de Thiange, fait par Mademoiselle, page 276.
Portrait de Madame de Montatere Religieuse, fait par elle mesme, page 281.
Portrait de Monsieur le Prince, fait par Mademoiselle, page 289.
Portrait de Madame la Comtesse de Noüailles, Dame d'atour de la Reyne, fait par Madame la Duchesse d'Vsez, page 297.
Portrait des Precieuses, page 301.
Portrait de Monsieur Huet, fait par Madame de Caen, page 307.
Portrait de Madame la Marquise de Sevigny, fait par Madame la Comtesse de la Fayette, sous le nom d'vn Inconnu, page 313.
Portrait de Monsieur le Chevalier de Charny, page 318.
Portrait de Madame l'Abbesse de Caen, fait par Monsieur Huet, page 321.
Portrait de Mademoiselle, fait par Monsieur de Segrais, page 329.

FAVTES SVRVENVES
à l'impreßion.

Pag. 22. l. 24. Quant.
Pag. 50. l. 11. par sa taille.
Pag. 80. l. 14. d'Espernon.
Pag. 134. l. 1. qu'il y a.
Pag. 135. l. 13. & 14. m'apliquer.
Comme pag. 35. l. 14. & 15. apprendre le.
Pag. 174. com, uccide.
Pag. 188. l. 6. laissé.
Pag. 200. l. accourciray.
Pag. 240. l. 6. sousris.
Pag. 287. ligne derniere, couster.

www.ingramcontent.com/pod-product-compliance
Lightning Source LLC
Chambersburg PA
CBHW050314170426
43202CB00011B/1899